四部要籍選刊·經部 蔣鵬翔 主編

阮刻孟子注疏解經 四

〔清〕阮元 校刻

浙江大學出版社

本册目録

孟子注疏解經卷第十一下

告子章句上　趙氏注　孫奭疏

孟子曰牛山之木嘗美矣以其郊於大國也斧斤伐之可以爲美乎是其日夜之所息雨露之所潤非無萌蘖之生焉牛羊又從而牧之是以若彼濯濯也人見其濯濯也以爲未嘗有材焉此豈山之性也哉牛山齊之東南山也邑外謂之郊息長也濯濯無草木之貌牛山未嘗盛美以在國郊斧斤牛羊使之不得有草木耳非山之性無草木也雖存乎人者豈無仁義之心哉其所以放其良心者亦猶斧斤之於木也旦旦而伐之可爲美乎其日夜之所息平

旦之氣其好惡與人相近也者幾希存在也言雖在人之性亦猶此山之有草木也人豈無仁義之心邪其日夜之思欲息長仁義平旦之志氣其好惡凡人皆有與賢人相近之心幾豈也豈希言不遠也則其旦晝之所爲有梏亡之矣梏之反覆則其夜氣不足以存夜氣不足以存則其違禽獸不遠矣人見其禽獸也而以爲未嘗有才焉者是豈人之情也哉旦晝日晝也其所爲萬事有梏亂之使亡失其日夜之所息也梏之反覆利害于其心其夜氣不能復存也人見惡人禽獸之行以爲未嘗存善木性此非人之情也故苟得其養無物不長苟失其養無物不消孔子曰操則存舍則亡出入無時莫知其鄉惟心之謂與誠得其養若雨露於草木法度於仁義何有不長也誠失其養若斧斤牛羊之消草木利欲之消仁義何

有不盡也孔子曰持之則存縱之則亡莫知其鄉鄉猶里以喻居也獨心爲若是也【疏】孟子曰牛山至之謂與○正義曰此章言秉心持正使邪不干猶止斧斤不伐牛山則山木茂人則稱仁也孟子曰牛山之木至惟心之謂與者孟子言牛山之木常爲秀美矣然以其爲郊國之外也殘之以斤斧之伐可以爲秀美乎言以其斤斧常伐之則不可爲美也雖爲斤斧所伐然以其日夜之所長息雨露之所潤澤非無萌牙絲蘖生焉柰何萌蘖既生而牛羊之畜又從而收養於其間是以牛山若彼濯濯無草木之貌也人見其濯濯然無草木以爲牛山未嘗有材木焉是豈牛山之性無草木哉言牛山之木常有其材木耳其所以無之者但斧斤牛羊從而殘滅之矣言雖存在乎人者豈無仁義之心哉然人之所以放去其良心而無仁義者亦如斧斤之伐於牛山之木也是日日而伐滅之可爲美材乎言不可爲美材也言牛山日夜之所息長草木與人平旦之氣其好惡與人相近者不遠矣以其其牛山日夜所息長草木莫不欲秀茂爲美而惡其斧斤牛羊殘害之爲惡也人之平旦之氣尚未有利欲汨之則氣猶靜莫不欲爲之善也而惡爲之惡也但人平旦之氣則其旦晝之所爲利欲有以梏亡之矣平旦則未至於晝旦晝所以爲日之中矣且人於平旦之時其氣靜未有利欲事緒

以動之則未必不善矣以其善固存於此時也亦如牛山日夜所長草木無以斧斤牛羊殘害之則未必不美矣以其萌蘖生焉而美固已有矣柰何斧斤牛羊又從而殘滅之亦若旦晝所爲利欲以梏亡之者焉梏手械也利欲之制善使不得爲猶梏之制手也梏之反覆其情緒不一則夜於平旦之氣不足以存旣不足以存而爲利欲萬緒梏而亡之則其違異於禽獸之行不遠矣以其近也人見其爲禽獸之行者而爲未嘗有才性焉是豈人之情爲如是哉言非人之情也言人情本欲爲善矣其所以終而爲者但利欲從而梏亡之矣故苟得其所養無物不長苟失其所養無物不消如牛山苟日夜之所息雨露之所潤與平旦之氣是得其所養者也是則無物不長矣如牛山苟爲牛羊從而牧之與旦晝所爲而梏亡之是失所養者也是則無物不消矣孟子又引孔子云操持之則存縱舍之則亡其出入衙物而不有常時莫知其所向之鄉惟獨心爲若是也凡此孟子所以言人心性本善但當有常操而存之者矣○注牛山齊之東南山○正義曰蓋亦以理推之亦自可見故傳所謂齊景遊於牛山之上是亦知之爲齊之山矣

孟子曰無或乎王之不智也王齊王也或怪也時人有怪王不智而孟子不輔之故言此也雖有

天下易生之物也一日暴之十日寒之未有能生者也吾見亦罕矣吾退而寒之者至矣吾如有萌焉何哉種易生之草木五穀一日暴溫之十日陰寒以殺之物何能生我亦希見於王既見而退寒之者至謂左右佞諂順意者多譬諸萬物何由得有萌牙生也今夫弈之爲數小數也不專心致志則不得也弈博也或曰圍棊論語曰不有博弈者乎數技也雖小技不專心則不得也弈秋通國之善弈者也使弈秋誨二人弈其一人專心致志惟弈秋之爲聽一人雖聽之一心以爲有鴻鵠將至思援弓繳而射之雖與之俱學弗若之矣爲是其智弗若與曰非然也有人名秋通一國皆謂之善弈曰弈秋使教二人弈其一人惟秋所善而聽之其一人志欲射鴻鵠故不

如也爲是謂其智不如也曰非也以不致志也故齊王之不智亦若是

【疏】孟子曰無或至非然也○正義曰此章言弈爲小數不精不能一人善之十人惡之雖竭其道何由能成者也孟子曰無或乎王之不智也至非然也孟子言時人無怪齊王之不智也以其孟子不輔佐之故云之此言雖有天下易生之物如一日溫煖以暴之乃十日寒凍以殺之是以未有能生者也雖有能生之者然於我見之亦少矣我自輔佐齊王而退歸而姦佞諂諛齊王者至多矣然而我尚如有心欲使王萌而爲善是如之何哉孟子言之以此者蓋謂吾君不能者是謂賊其君者也所以言時人無或乎王之不智也當輔佐君爲之而已孟子輔佐齊王既退而姦佞之臣又陷君於爲惡故有激而云此也蓋天下易生之物譬齊王以爲善也一日暴之喻孟子一人之輔齊王也十日寒之喻姦佞臣之衆陷君於爲惡也陷君於爲惡者如是之衆則齊王所以不智也喻未有能生者也今夫譬之弈秋但爲技數雖小技如不專一其心致篤其志則亦不得精也是故弈人名秋者通一國皆稱爲善能弈者也使秋誨其二人弈其一人專心致志唯弈秋之言是聽一人雖聽之其一心以爲有鴻鵠之鳥將至乃思援弓繳矢而射之雖與皆學夫弈秋然亦不若其專心致志者精矣爲是弗若之者非謂其智

弗若也以其不專心致志而聽弈秋之誨故也此所以曰爲是其智弗若與繼之曰非然也言不然也孟子所以引爲比者蓋謂齊王不能專心致志惟賢者是聽則孰不與王爲善乎奈齊王不能專心致志惟賢是聽但爲姦臣之所諛佞所以如有鴻鵠將至思援弓繳矢而射之若故弗若彼之精而遂不爲善矣然則時人亦不可謂齊王不智特當輔之而已然既輔之亦當齊王能專心致志聽從之然後可矣孟子所以既退而尚如有萌焉奈何終輔之而齊王姦佞諂諛之衆而不能聽從爲善耳此故以弈秋喻己而以鴻鵠喻姦佞其一以爲有鴻鵠思援弓繳而射之喻齊王雖聽己之言然不專心致志惟在於鴻鵠耳○注弈博也至不得也○正義曰按陽貨論語第十七之篇云不有博弈者乎而解弈爲博也說文云作博局戲也六箸十二棊也古者堯曾作博圍棊謂之弈說文弈從廾言竦兩手而執之棋者所執之子圍而相殺故謂之圍棊稱弈者又取其落弈之義也○注有人名秋善弈○正義曰按傳記有云弈秋通國之善弈也有過者止而聽之則弈敗笙汩之也又云疑首天下之善算也有鴻鵠過彎弧擬問以三五則不知鴻鵠亂之也是亦孟子之言與

孟子曰魚我所欲也熊掌亦我所欲也二者不可

得兼舍魚而取熊掌者也生亦我所欲也義亦我所欲也二者不可得兼舍生而取義者也熊掌熊蹯也以喻義魚以喻生也生亦我所欲所欲有甚於生者故不爲苟得也死亦我所惡所惡有甚於死者故患有所不辟也如使人之所欲莫甚於生則凡可以得生者何不用也使人之所惡莫甚於死者則凡可以辟患者何不爲也有甚於生者謂義也義者不可苟得有甚於死者謂無義也不苟辟患也莫甚於生則苟利而求生矣莫甚於死則可辟患不擇善何不爲耳由是則生而有不用也由是則可以辟患而有不爲也是故所欲有甚於生者所惡有甚於死者非獨賢者有是心也

人皆有之賢者能勿喪耳有不用不用苟生也有不爲不爲苟患而辟患也有甚於生義甚於生也有甚於死惡甚於死也凡人皆有是心賢者能勿喪亡之也一簞食一豆羹得之則生弗得則死嘑爾而與之行道之人弗受蹴爾而與之乞人不屑也人之餓者得此一器食可以生不得則死嘑爾猶嘑爾咄啐之貌也行道之人凡人以其賤已故不肯受也蹴蹋也以足踐蹋與之乞人不潔之亦由其小故輕而不受也萬鍾則不辯禮義而受之萬鍾於我何加焉爲宮室之美妻妾之奉所識窮乏者得我與言一簞食則貴禮至於萬鍾則不復辯別有禮義與不鍾量器也萬鍾於已身何加益哉已身不能獨食萬鍾也豈不爲廣美宮室供奉妻妾施與所知之人窮乏者也鄉爲身死而不受今爲宮室之美爲之鄉爲身死而不受今爲妻妾之奉爲

之鄉爲身死而不受今爲所識窮乏者得我而爲之是亦不可以已乎此之謂失其本心鄉者不得簞食而食則身死尚不受也今爲此三者爲之是不亦可以止乎所謂失其本心者也

【疏】孟子曰魚至失其本心正義曰此章言舍生取義義之大者也簞食萬鍾用有輕重縱彼納此蓋違其本凡人皆然君子則否所以殊也孟子曰魚我所欲也至失其本心者孟子言魚之爲味我之所欲者也熊蹯之味亦我所欲者也然而魚與熊蹯二者不可兼得但捨去其魚而取熊蹯也以其熊蹯之味又有美於魚也魚在水之物熊蹯在山之物欲在水不可兼得於在山者在山又不可兼得於在水者故爲二者不可兼得也魚所以喻生也熊蹯所以喻義故曰生亦我所欲也義亦我所欲也然而生與義二者亦不可兼得之但捨生而取義也以其義又有勝於生也如勇士不忘喪其元志士不忘在溝壑有殺身以成仁是皆以義有勝於死也是舍生而取義也然而生亦爲我心之所欲其以所欲有甚於生者故不爲苟得也死亦爲我心之所惡疾者其以所惡有甚於死者故患禍有所不逃辟也如令人之所欲者無有甚於生則凡可以得生者何不用

而行之也令人之惡者無有甚於死者則凡可以辟患者何不擇而爲之也蓋可以得生可以辟患者皆是不義也故不爲苟得故患有所不辟也者是皆有義也由此言之則生而有不用也是不苟生也則可以辟患而有不爲也是不苟爲惡以辟患也如此故所欲有甚於生所惡者有甚於死非獨賢者有此心也人皆有此心也但賢人能常存之而勿喪亡之耳蓋所欲有甚於生者是義也所惡有甚於死者是不義也且以一簞所盛之食一豆所盛之羹得而食之者則養其生不得此而食者則餓而死然而嘑爾叱咄而與之雖行道塗之中凡人且不肯受而食之也如蹴爾踐蹋而與之雖乞丐之賤人且以爲不潔而不肯受而食也言萬鍾之祿則不貴辨禮義而受之者雖萬鍾之多然於我何足爲益焉於我何益以其已身不能獨食之也已不能獨食則爲宮室之廣美供奉妻妾施與所知之人窮乏之者而已如是則鄉日不得簞食豆羹則身死尚不受今乃爲宮室廣美供奉妻妾與施所知之人窮乏之者而受爲之如此是亦不可以止乎言此可以止而不止者也是謂失其本心者矣是忘其義者矣故本心即義也所謂賢者但能勿喪亡此本心耳。注熊蹯。正義曰按史記世家云宰夫胹熊蹯不熟晉靈公怒而殺之裴駰注云服虔曰蹯熊掌其肉難熟注鍾量器也正義曰齊大夫晏子云已說在梁惠篇孟子曰仁人心也義人路也舍其路而弗由放其心而不知求哀哉不行仁義者不由路不求心者也可哀憫哉人有雞犬放則知求之有放心而不知求學問之道無他求其放心而已矣人知求雞犬莫知求其心者惑也學問所以求之矣

疏孟子曰至而已矣。正義曰此章言由路求心爲得其本追逐雞犬務其末也學以求之詳矣孟子曰至而已矣者孟子言仁者是人之心也是人人皆有之者也義者是人之路也是人人皆得而行之者也今有人乃舍去其路而不行放散其心而不知求之者可哀憫哉且人有雞犬放之則能求追逐之有心放離之而不求追復然而學問之道無他焉但求其放心而已矣能求放心則仁義存矣以其人之所以學問者亦以精此仁義也

孟子曰今有無名之指屈而不信非疾痛害事也如有能信之者則不遠秦楚之路爲指之不若人

也無名之指手之第四指也蓋以其餘指皆有名無名指者非手之用指也雖不疾痛妨害於事猶欲信之不遠秦楚爲指之不若人故也指不若人則知惡之心不若人則不知惡此之謂不知類也心不若人可惡之大者也而反惡指故曰不知其類也類事也〈疏〉孟子曰至不知類也。正義曰此章言舍大惡小不知其要憂指忘心不即於道是以君子惡之者也孟子曰至此之謂不知類也孟子言今人有第四指爲無名之指屈而不信且非疾痛有妨害於事也如有人能信者則不遠秦楚之路而求信之以爲惡其指之不若人也且以無名之指爲無用之指則恥惡之不若人其心不若人則不知恥惡之是之謂爲不知其類者也荀子云相形不如論心同其意也蓋云秦楚者以其秦楚相去最爲遠者也故取爲已言指屈尚不遠秦楚之路而求信況心即在於已爲最近者也尚不能求之耶此孟子所以爲不知類者也

孟子曰拱把之桐梓人苟欲生之皆知所以養之者至於身而不知所以養之者豈愛身不若桐

梓哉弗思甚也拱合兩手也把以一手把之也桐梓皆木名也人皆知灌溉而養之至於養身之道當以仁義而不知用豈於身不若桐梓哉不思之甚者也宜孟子有是以言之歟［疏］「孟子至甚也」○正義曰此章言莫知養身而養其樹木失事違務不得所急所以誠未達者也孟子言桐梓之木方於可拱把之時人誠欲其生長皆知所以灌溉而養之者至於已之身而不知以仁義之道養之者豈人之愛保其身反不若桐梓之爲急哉但人弗思村之而已故以此甚者也宜誠之以此

孟子曰人之於身也兼所愛兼所愛則兼所養也無尺寸之膚不愛焉則無尺寸之膚不養也人之所愛則養之於身也一尺一寸之膚養相及也所以考其善不善者豈有他哉於已取之而已矣考知其善否皆在已之所養也體有貴賤有小大無以小害大無以賤害貴養其小者爲小人養其大者爲大人養小則害大養賤則

害貴小口腹也大心志也頭頸貴者也指拇賤者也不可舍貴養賤也務口腹者爲小人治心志者爲大人故也

今有場師舍其梧檟養其樲棘則爲賤場師焉場師治場圃者場以治穀圃園也梧桐檟梓皆木名樲棘〇小棘〇所謂酸棗也言此以喻人舍大養小故曰賤場師也

養其一指而失其肩背而不知也則爲狼疾人也謂醫養人疾治其一指而不知其肩背之有疾以至於害之此爲狼藉亂不知治疾之人也

飲食之人則人賤之矣爲其養小以失大也飲食之人無有失也則口腹豈適爲尺寸之膚哉飲食之人人所〇賤之者爲其養口腹而失道德耳如使不失道德存仁義以往不嫌於養口腹也故曰口腹豈但爲肥長尺寸之膚哉亦以懷其道德也

〈疏〉孟子曰人之於身至膚哉〇正義曰此章言養其行治其正俱用智力善惡相厲是以君子居處思義飲食思禮者也孟子曰人之於身也至於已取之而已矣孟子言人之於一身也無有所不愛也以其兼愛之矣兼所愛則

必兼有所養也是則一身之中無有一尺一寸之肌膚不愛焉則亦無有一尺一寸之肌膚不養之也以其兼所愛必兼所養而已然而所以考究其有善其有不善者亦豈有他爲哉但亦於一己自取之而已矣所謂頤其大體則爲大人從其小體則爲小人豈非己自取之謂乎蓋孟子但云尺寸之膚者則心存乎中又有居待而言者也且心爲一身之君所謂心爲天君者也荀子云心居中虛以治五官此之謂也言人既愛尺寸之膚雖心亦在所愛焉既養尺寸之膚雖心亦在所養焉所謂愛養心者亦以仁義之道愛養之而已人之心由人所趨向如何耳故曰所以考其善不善於己取之而已矣體有貴賤至尺寸之膚哉孟子又言人體有貴亦有賤有小亦有大於人之一身合而言之則謂之體自體而言之又有耳目口鼻形心者也以貴大則心爲一體之貴者大者以賤小則耳目口鼻形爲一體之賤者小者言人之於一體不可務愛養其賤者小者以害其貴者大者也如養其小者則爲之小人養其大者則爲之大人以其耳目口鼻形五者所好不過利慾而已而心稟於有生之初仁義之道俱存於其問是以養心者爲大人君子養耳目口鼻形者以利慾爲小人耳故孟子所以有是言也今有場師治場圃者如舍其梧檟之良木而特養其樲棘是爲賤場師焉梧桐也檟山楸

也樲棘小酸棗也梧檟可以爲琴瑟材是良木小酸棗無用之才也是賤木也此所以喻養體不養其貴者而養其賤者也又如養其一指之小而失其肩背之大則爲狼疾藉亂而不知醫治者也此所以比喻養體不養其大者而養其小者也且務飲食之人則人皆賤之者矣無他是爲其養小而失去其大也如飲食之人亦無有失其養大則口腹豈但肥長適尺寸之膚爲哉言是亦懷仁義之道者也○注檟樲棘爲桐梓酸棗正義曰說文云梧檟山楸又云楸梓也樲棘小酸棗也是所以案此爲之云

公都子問曰鈞是人也或爲大人或爲小人何也鈞同也言有大有小何也孟子曰從其大體爲大人從其小體爲小人大體心思禮義小體縱恣情慾曰鈞是人也或從其大體或從其小體何也公都子言人何獨有從小體也曰耳目之官不思而蔽於物物交物則引之而已矣心之官則思思則得之不思則不得也此天

之所與我者先立乎其大者則其小者不能奪也此爲大人而已矣孟子曰人有耳目之官不思故爲物所蔽官精神所在也謂人有五官六府物事也利慾之事來交引其精神心官不思善故失其道而陷爲小人也此乃天所與人情性先立乎其大者謂生而有善性也小者情慾也善勝惡則惡不能奪之而已矣

【疏】公都子至已矣○正義曰此章言天與人性先立其大心官思之邪不乖越故謂之大人者也公都子問曰鈞是人也至何也者公都子問孟子曰世之人皆是人者也或有名爲大人或有名爲小人者是如之何也孟子曰從其大體爲大人從其小體爲小人孟子荅之曰從事於大體而以仁義養其心是從其大體故謂之大人也從其小體以利慾養其耳目之官是從其小體故謂之小人也曰鈞是人也或從其大體或從其小體何也公都子未曉故問之曰既皆是人也或以從養其大體或從養其小體是如之何曰耳目之官至此爲大人而已矣孟子又荅之曰人有耳目之官不以心思主之而遂蔽於者慾之物既蔽於物則己亦已失矣已已失則是亦爲物而已是則物交接其物終爲物引之喪其所得矣惟心之官則爲主於思如心之所思則有所得而無所

喪如不思則失其所得而有以喪之耳是以天之所與付於我者所以先與立其大者則心是也既與立其大者則小者斯不能奪之矣小者則耳目是也是以爲之大人而已矣蓋耳目主視聽是以爲官者也心君主官者也亦謂之官者以其亦主思故亦爲官矣荀子云心君也房中虛而治五官者也是以心思之大者而小者不能奪其耳目不爲利慾之所蔽茲所以從其大體而爲大人也彼小人者以其不思而爲利慾所蔽故也

孟子曰有天爵者有人爵者仁義忠信樂善不倦此天爵也公卿大夫此人爵也天爵以德人爵以祿古之人脩其天爵而人爵從之今之人脩其天爵以要人爵既得人爵而棄其天爵則惑之甚者也人爵從之人爵自至也以要人爵要求也得人爵棄天爵惑之甚也終亦必亡而已矣棄善忘德終必亡也

【疏】孟子至已矣○正義曰此章言古脩天爵自樂之也今要人爵以誘時也得人棄天道之忌也惑以招亡小人之事者也孟子曰有天爵

者至終亦亡之而已矣孟子言有所謂天爵者有所謂人爵者仁義忠信四者又樂行其善而不厭倦者是所謂天爵也自公卿大夫者是所謂人爵此孟子所以自解之也自古之人脩治其天爵而人爵自然從之如舜耕於歷山樂取諸人以爲善而堯自然禪其祿位是脩其天爵而人爵從之者也又如伊尹之徒亦是也今之人脩其天爵以要求人爵既得其人爵而又棄其天爵則蔽惑之甚者也如登龍斷以罔市利乞墦間之祭者是其類也此孟子所以指今之人而言也如此者終亦必亡其人爵而已矣是故孟子所以有是言而勸誡之

孟子曰欲貴者人之同心也人人有貴於己者弗思耳矣人之所貴者非良貴也趙孟之所貴趙孟能賤之人皆同欲貴之心人人自有貴者在己身不思之耳在己者謂仁義廣譽也凡人之所貴富貴故曰非良貴者趙孟晉卿之貴者也能貴人又能賤人人之所自有也者他人不能賤之也

詩云既醉以酒既飽以德言飽乎仁義也所以不願人之膏粱之味也令聞

廣譽施於身所以不願人之文繡也詩大雅既醉之篇言飽德者飽仁義之於身身之貴者也不願人之膏粱矣膏粱細粱如膏者也文繡繡衣服也

疏孟子曰至文繡也○此章言所貴在身人不知求膏粱文繡已之所優趙孟所貴何能比之是以君子貧而樂也孟子曰欲貴者人之同心也至文繡也孟子言凡所願欲其貴者出人所同其心也以其人皆欲之也然而人人有貴只在其已者但不思之耳凡人所貴者非是良貴也良貴者不以爵而貴者是謂良貴如下文所謂仁義廣譽者是也且以趙孟晉卿之貴雖爲所貴者然而趙孟又能賤之是人之所貴者非爲良貴也此孟子所以引而喻也以其趙孟者即晉襄公之臣趙盾者是也是爲晉卿然人爲晉卿出則爲盟主是謂貴矣奈何其賢則不及趙襄其良則不及宣子則所貴特人爵之貴耳如此得無賤耶故曰趙孟之所貴趙孟能賤之也詩大雅既醉之篇有云既醉之以酒既飽之以德是言飽乎仁義者也是亦所謂德將于醉之意同謂德則仁義是也言飽乎仁義所以不願人之膏粱之味乎案禮云公食大夫則稻粱爲嘉膳則膏粱味之至珍者也然而不願人之膏粱則以仁義爲膏粱令一聞廣譽之名聲既施飾於身所以不願人之文繡也案詩以一裳

爲顯服則文繡爲服之至美者也然而不願人之文繡則以令聞廣譽爲文繡也蓋令聞者以其內有仁義之德則人特○不特見而善之又有以聞而善之者也故云令聞令譽令善也聞名聲而人所聞之也廣譽者亦以內有仁義之德則不特近者美喻之而遠者又有以美喻焉故云廣譽廣遠大也譽美稱也凡此孟子所以教時人之云耳故論君子貧而樂如顏子在陋巷而不改其樂者是之謂也

孟子曰仁之勝不仁也猶水之勝火今之爲仁者猶以一杯水救一車薪之火也不熄則謂之水不勝火此又與於不仁之甚者也亦終必亡而已矣水勝火取水足以制火一杯水何能救一車薪之火也以此則謂水不勝火爲仁者亦若是則與作不仁之甚者也亡猶無也亦終必亡仁矣

疏孟子至已矣○正義曰此章言爲仁不至不反諸已謂水勝火熄而後已不仁之甚終必亡矣爲道不卒無益於賢者也孟子言爲仁勝強於不仁也若水之勝火矣今之爲仁者不知反本心而爲仁如以一杯杓水而救一車薪之火也火不熄滅則謂水不勝火以爲不仁

勝仁此又與於不爲仁者又甚之也以其有過於不爲仁者也是亦終必亡其仁矣且如湯武之至仁然後勝桀紂之至不仁也今之爲仁但以轉粟移民之爲仁而望民多於鄰國以羊易。之之仁而欲朝秦楚而撫四夷是若一杯水而望救一車薪之火也此所以終必亡其仁矣此吾孟子所以有激而云

孟子曰五穀者種之美者也苟爲不熟不如荑稗夫仁亦在乎熟之而已矣熟成也五穀雖美種之不成則不如荑稗之草其實可食爲仁不成猶是也

疏正義曰此章言功毁幾成人在慎終五穀不熟荑稗是勝是以爲仁以其成也孟子言五穀者是天下種之美者也苟五穀不成則不勝荑稗之所奮夫仁者亦天下道之美者也苟爲仁不成則不勝不仁之所害故云夫仁亦在乎成之而已矣此章與前章相類亦若齊宣有愛牛之仁而功不至於百姓梁惠有移民之仁而民不加多於鄰國是爲仁不成之過也五穀已說於前矣云荑稗者即禾中之莖草也

孟子曰羿之教人射必志於彀。學者亦必志於彀羿古之善。射者彀張。弩付的者用思要時也學者志道猶射者之張

也

大匠誨人必以規矩學者亦必以規矩大匠攻木工規所以爲圓也矩所以爲方也誨教也教人必須規矩學者以仁義爲法式亦猶大匠以規矩者也

疏孟子至規矩○正義曰此章言事各有本道有所隆殺張規矩以喻爲仁學不爲仁猶是二教失其法而行之者也孟子言羿爲善射者其教人射必志在於勢勢者張弓也張弓以其力分之所至處也言羿雖善射其教人亦必求之於力分之內也大匠爲攻木之工者其教誨人爲匠必在於規矩規所以爲圓之度矩所以爲方之度以其規矩爲法度之至者也言大匠誨人亦必求之於法度內也羿教人既求之於力分之內則學之者亦必求之於力分之內矣大匠誨人既求之於法度之內則學之者亦必求於法度之內矣然必皆求於力分之內者以其力分所不到則射亦未如之何矣法度者亦如是矣此喻人以道教人而學之者亦如此耳如皆不求之於力分之內與法度之內則於道終亦不得矣○注羿古之攻射者與匠爲攻木之工者○正義曰此已詳於前矣

孟子注疏解經卷第十一下

孟子注疏卷十一下挍勘記

阮元撰盧宣旬摘録

牛山未嘗盛美　閩監毛三本同岳本孔本韓本考文古本未作木

亦猶此山之有草木也　閩監毛三本同廖本孔本韓本無此也二字

可爲美乎　（補）各本可下有以字此本脫

日晝也　閩監毛三本同廖本孔本韓本考文古本足利本作晝日也

利害于其心　監毛二本同廖本閩本孔本韓本于作干

以爲未嘗存善木性　廖本孔本韓本考文古本存作有木作才閩監毛三本存作有木作本

章指言秉心持正使邪不干猶止斧斤不伐牛山山則木茂人則稱仁也

其所以終而爲者　（補）監毛本而作不是也

其一人志欲射鴻鵠　閩監毛三本同岳本孔本足利本志作念韓本考文古本志下有念字

故齊王之不智亦若是　各本同孔本下衍也字

章指言弈爲小數不精不能一人善之十人惡之雖竭其道何由智哉詩云濟濟多士文王以寧此之謂也

孟子所以引爲比者　閩監毛三本比誤此

不爲苟患而辟患也　閩監毛三本同廖本孔本韓本考文古本上患作惡

蹴爾而與之　音義張取六切或作踓音同案玉篇踓蹵也則蹴踓可通用盧刊音義踓作躍非也通志堂微波榭本俱不誤

人之餓者　廖本孔本韓本考文古本同閩監毛三本餓誤賤

猶嘑爾　閩監毛三本同廖本孔本韓本考文古本嘑作呼〇按呼是呼卽今俗云招呼咄啐謂招呼也

行道之人凡人　閩監毛三本同岳本孔本韓本考文古本凡上有道中二字

則不辯禮義而受之　音義云丁本作變案周易坤釋文由辯荀作變是辯變古字通用

則不復辯別有禮義與不　廖本孔本韓本同閩監毛三本不改否考文古本復作得

窮乏者也　閩監毛三本同廖本孔本韓本考文古本無也字

所謂失其本心者也　閩監毛三本足利本同廖本孔本韓本考文古本無者字

章指言舍生取義義之大者也簞食萬鍾用有輕重縱彼納此蓋違其本凡人皆然君子則否所以殊也

有甚於死者　閩監二本同毛本於下衍言字

可哀憫哉　閩監毛三本孔本同韓本考文古本哉作也

人知求雞犬　閩監毛三本同岳本孔本韓本考文古本犬作狗

學問所以求之矣閩監毛三本足利本同廖本孔本韓本考文古本無矣字有者是

章指言由路求心爲得其本追逐雞狗務其末也學以求之詳矣

且人有雞犬放之閩監二本同毛本且改几

爲指之不若人故也閩監毛三本同廖本岳本孔本韓本無之字

章指言舍大惡小不知其要憂指忘心不嚮於道是以君子惡之也

不思之甚者也宜孟子有是以言之歟閩監毛三本同廖本孔本韓本考文古本無者字宜孟子以下九字

章指言莫知養身而養孔本韓本衍其字樹木失事違足利本務誤遠

不得所急所以誠未達者也

宜誠之以此　閩監二本同毛本脫宜字

不可舍貴養賤也　閩監毛三本同廖本孔本韓本也上有者字

爲大人故也　閩監毛三本足利本同廖本孔本韓本考文古本無故也二字

樲棘　樲棘古書皆作樲棗爾雅遵羊棗注引孟子養其樲棗古本爾雅皆同詳爾雅挍勘記唐宋人本艸注皆作樲棗毛傳曰棘者棗也統言之也故羊棗雖小而得稱棗

樲棘小棘　按此是樲棗小棗之誤不可不正小棘之語尤爲不通

人所賤之者　閩監毛三本同岳本孔本韓本考文古本足利本所下有以字

豈但爲肥長尺寸之膚哉　閩監毛三本同廖本孔本韓本考文古本哉作邪

亦以懷其道德也　閩監毛三本同廖本作亦爲懷其道者也孔本韓本作亦爲懷道德者也考文

古文作亦以懷其道德者也足利本作亦以懷其道者也

章指言養其行治其正俱用智力善惡相厲是以君子居處思義飲食思禮也

此天之所與我者 廖本閩監毛三本同岳本孔本韓本此作比按朱子文集云舊官本皆作比字注中此乃亦作比方又集注云舊本多作比而趙注亦以比方釋之今本既多作此而注亦作此乃未詳孰是○按朱子誤矣趙注既云比方安可因近本之譌而疑之上文官有二故比方之而先立其大者文意甚明漢書賈誼傳比物此志也如淳曰比謂比方也今多譌此物公羊傳注父老比三老孝弟官屬今本比亦譌此

此乃天所與人情性 廖本閩監毛三本同岳本孔本韓本此乃作比方○按比方是妄改又在朱子後

則惡不能奪之而已矣 閩監毛三本同廖本孔本韓本考文古本無之而已矣四字

章指言天與人性先立其大心官思之邪不乖越故謂之大人也

終必亡也　閩監毛三本足利本同岳本廖本孔本韓本考文古本也作之

章指言古修天爵自樂之也今要人爵以誘時也得人棄天道之忌也惑以招亡小人事也

故曰非良貴者　孔本者改也浦鏜云也誤者

晉卿之貴者也　閩監毛三本同孔本韓本足利本無也字

又能賤人　孔本無又字

人之所自有也者　閩監毛三本同廖本孔本韓本考文古本無也字

章指言所貴在身人不知求膏粱文繡已之所優趙孟所

貴 何能比之是以君子貧而樂也

則人特不特見而善之 補監毛本上特字作將是也

此章言所貴在身 此上當有正義曰三字閩監毛三本不脫

何能救一車薪之火也 閩監毛三本同廖本能救作勝孔本韓本考文古本足利本救作勝

則謂水不勝火 閩監毛三本同廖本孔本韓本無則字

亦終必亡仁矣 閩監毛三本同廖本孔本韓本考文古本亡作無

章指言爲仁不至不反諸己謂水勝火熄而後已不仁之甚終必亡矣爲道不卒 足利本誤率 無益於賢也

以羊易之仁 易下脫牛字閩本剜增牛字是也監毛二本同閩本

章指言功毀幾成人在慎終五穀不熟荑稗是勝是以爲

仁必其成也

必志於彀　孔本韓本考文古本足利本同閩監毛三本志作至下同浦鏜云志誤至

古之善射者　閩監毛三本同岳本孔本韓本考文古本善作工䟽引作攻

彀張弩付的者　付字模糊閩監毛三本如此廖本孔本韓本作彀張也張弩向的者考文引彀張云古本下有也字又引弩付的者云付作向○按張弩向的所謂若虞機張往省栝于度則釋也

用思要時也　閩監毛三本同廖本時作專孔本韓本要作專

得射者之張也　得字模糊閩監毛三本如此孔本韓本考文古本得作猶浦鏜云得當猶字誤

攻木工　閩監毛三本同廖本孔本韓本本考文古本作攻木之工䟽引有之字

所以爲圓也　閩監毛三本韓本同岳本圓作圜孔本脫也字

章指言事各有本道有所隆彀張規矩以喻爲仁學不爲

仁猶是二教失其法而行之也

孟子注疏卷十一下挍勘記

奉新趙儀吉挍

孟子注疏解經卷第十二上

告子章句下 凡十六章　趙氏注　孫奭疏

疏 正義曰此卷趙氏分爲下卷者也此卷十有六章其一章言臨事量宜權其輕重以禮爲先食色爲後若有偏殊從其大者二章言天下大道人病不由不患不能是以曹交請學孟子辭焉三章言生之膝下一體而分當親而疏怨慕號天是以小弁之怨未足以爲愆也四章言上之所欲下以爲俗五章言君子交接動不違道享見之儀亢答不差其六章見幾而作不俟終日孔子將行冕不及稅七章言王道浸衰轉爲罪人八章言招攜懷遠貴以德禮義勝爲上戰勝爲下九章言善爲國者必藏於民賊民以往其餘何觀十章言先王典禮萬世可遵什一供貢下富上尊十一章言君子除害普爲人也十二章言民無信不立十三章言好善從人聖人一槩十四章言仕雖正道亦有量宜聽言爲上禮貌次之困而免死斯爲下矣十五章言聖賢困窮天堅其志次賢感激乃奮其意十六章言學而見賤恥之大者教誨之方或析或引凡此十六章合上卷二十章是告子之篇有三十六章矣

任人有問屋廬子曰禮與食孰重任國之人問孟子弟子屋廬連問二者何者爲重曰禮重荅曰禮重色與禮孰重曰禮重重如上也曰以禮食則飢而死不以禮食則得食必以禮乎親迎則不得妻不親迎則得妻必親迎乎任人難屋廬子云若是則必待禮乎屋廬子不能對明日之鄒以告孟子孟子曰於荅是也何有於音烏歎辭也何有爲不可荅也不揣其本而齊其末方寸之木可使高於岑樓金重於羽者豈謂一鉤金與一輿羽之謂哉取食之重者與禮之輕者而比之奚翅食重取色之重者與禮之輕者而比之奚翅色重孟子言夫物當揣量其本以齊等其末知其大小輕

重乃可言也不節其數累積方寸之木可使高於岑樓岑樓山之銳嶺者寧可謂寸木高於山邪金重於羽謂多少同而金重耳一帶鉤之金豈重一車羽邪如取食色之重者比禮之輕者何翅食色重哉翅辭也若言何其不重也往應之曰紾兄之臂而奪之食則得食不紾則不得食則將紾之乎踰東家牆而摟其處子則得妻不摟則不得妻則將摟之乎教屋廬子往應任人如是紾戾也摟牽也處子處女也則是禮重食色輕者也

疏任人至摟之乎。正義曰此章言臨事量宜稱其輕重以禮爲先食色爲後者也任人有問屋廬子曰禮與食孰重任人任國之人有問屋廬子曰禮與食二者何者爲重曰禮重屋廬子苔之以爲禮重屋廬子孟子弟子也任人又問色與禮二者孰重曰禮重屋廬子又苔之以爲禮重曰以禮食則飢而死至必親迎乎任人又問之曰人若待有禮然後食則飢餓而死不待禮而食者則得其食而不見飢餓必待以禮然後食乎任人意以爲不待禮而食也行親迎婚之禮則不得其妻不待親迎之禮則得其妻必待親迎之禮任人意又以爲不待親迎也所謂禮食者案禮云主人親饋則客祭主人不親饋則客不祭故君子苟無禮雖美不食焉凡此之謂所謂親迎者又案禮云夏氏迎於庭商人迎於室周人述於戶凡此是也今任人不知此爲重故以食色並而問之屋廬子不能對明日之鄒以告孟子屋廬子未有言以荅應故不能對任人之問乃明日之鄒國以任人此言告於孟子孟子曰於荅是也何有至則將摟之乎孟子見廬子不能荅此言而乃嘆之曰荅此之言何有難則何爲不可荅也言凡物有常如不揣量其本但齊等其末則雖方寸之木可令高於岑樓岑樓山之銳峯也此乃齊等其末而不量其本之謂也言雖可謂之一帶鉤之金與一車羽毛之謂哉是亦不揣其本而齊其末之謂也以其揣之以本則方寸之木不能過於岑樓一帶鉤之金不能重於一車之羽也如不揣其本則取食之重者與禮之輕者比喻之何啻食爲重也取色之重者與禮之輕者比並之則何啻色爲重也如此是猶積累方寸之木可使高於岑樓積疊一車之羽毛可使重於一鉤金也是則任人不揣其本而齊其末也且爲不以禮食則飢而死則人誰不以食爲重也不親迎則得妻則人誰不以色爲重也故孟子所以於此又教之屋廬子使往應於任人曰紾戻其兄之臂而奪之食則得其食不紾戻之則不得其食則將可

以紾戾兄之臂乎踰越東家之牆而牽其處女則得爲之妻不牽之則不得爲之妻則將可以牽處女乎言不可如是也故以乎言之所謂東家則託此言之矣如謂鄰家也然而鄰亦有西南北何不言之蓋言東則西南北不言而在矣○注任國○正義曰任薛同姓之國在齊楚之間後亦有察文在孟子居鄒之段○注岑樓山之銳嶺○正義曰釋云山小而高者曰岑是知岑樓即知爲銳嶺之峯也曰樓者蓋重屋曰樓亦取其重高之意也○注云處女○正義曰未嫁者也

曹交問曰人皆可以爲堯舜有諸孟子曰然曹交曹君之弟交名也荅曰然者言人皆有仁義之心堯舜行仁義而已交聞文王十尺湯九尺今交九尺四寸以長食粟而已如何則可交聞文王與湯皆長而聖今交亦長獨但食粟而已當如之何曰奚有於是亦爲之而已矣有人於此力不能勝一匹雛則爲無力人矣今曰舉百鈞則爲有力人矣然則舉烏獲之任是

亦爲烏獲而已矣夫人豈以不勝爲患哉弗爲耳孟子曰何有於是言乎仁義之道亦當爲之乃爲賢耳人言我力不能勝一小雛則謂之無力。人言我能舉百鈞百鈞三千斤也則謂之有力之人。烏獲古之有力人也能移舉千鈞人能舉其所任是爲烏獲才也夫一匹雛不舉豈患不能勝哉但不爲之耳徐行後長者謂之弟疾行先長者之不不弟夫徐行者豈人所不能哉所不爲也長者老者也弟順也人誰不能徐行者患不肯爲也堯舜之道孝悌。而已矣子服堯之服誦堯之言行堯之行是堯而已矣子服桀之服誦桀之言行桀之行是桀而已矣孝悌而已人所能也堯服衣服不踰禮也堯言仁義之言堯行孝悌之行桀服譎詭非常之服桀言不行仁義之言桀行淫虐之行爲堯似堯爲桀似桀而已矣曰交得見於鄒君可以假館願留而受業於門交欲學於孟子願因鄒君假館舍備門徒也曰夫道若大路然豈難知哉人病不求耳子歸而求之有餘師孟子言堯舜之道較然若大路豈有難知人苦不肯求耳子歸曹而求行其道有餘師師不少也不必留館學也

〔疏〕曹交至餘師○正義曰此章言天下大道人病不求不患不能是以曹交請學孟子辭之者也曹交問曰人皆可以爲堯舜有諸曹交曹君之弟也姓曹名交然曹交問孟子曰凡人皆可以爲堯舜二帝有諸否乎孟子曰然孟子荅之以爲誠如是也交聞文王十尺至如何則可者曹交又言交嘗聞文王身長十尺湯王身長九尺今交身亦長九尺四寸但獨食粟而已當如之何則可以爲堯舜曰奚有於是至是[illegible]而已矣孟子荅之曰何有於此言之謂乎言非論身長短之謂也所以爲堯舜者是亦爲之而已且託今有人於此其力不能舉任一匹雛之小是則爲無筋力之人也今又曰能舉任三千鈞之重則爲有筋力之人也如是言之則能舉烏獲千鈞之重任者此亦足爲烏獲之徒而已矣且夫人豈以不能舉勝一匹雛之小而爲憂患哉但不爲之耳如用力舉之則勝矣以言人之所欲爲堯舜者豈患其不能爲

之哉亦但不爲之耳且以徐緩而行後於長者是謂之悌順急疾而行先於長者謂之不悌順夫徐緩而行者豈凡人所不能如是哉但所不爲徐行之矣夫堯舜二帝之道。而已子今若身服堯之法服以衣服不越禮口誦堯之法言以其言有法度所行則行堯所行堯。所。行。之迹以其行不淫虐。如此是亦爲堯之徒矣若子於今身乃服桀非常之服口誦詭譎之言所行乃行桀淫虐之行如此是亦爲桀而已矣交得見於鄒君至於門曹交聞孟子言至此乃曰交得見鄒君可以因而假館舍願留止而受業於夫子之門而學於孟子也曰夫道若大路至餘師孟子乃荅之曰夫道若大路較然易行也豈爲難知者哉言不難知也但人病不求之耳子歸曹而自能求之而行其道亦不少師也何必願受業於我孟子所以荅之此者蓋爲曹交欲挾鄒君而問是挾貴而問者也是以辭之而已抑亦不屑教誨之謂也。注。釣三千斤。正義曰已前篇説之矣。注烏獲有力人也正義曰案皇甫士安帝王世説。云秦武王好多力之士烏獲之徒並皆歸焉秦王於洛陽舉周鼎烏獲兩目血出六國時人也孟子假是而開闢曹交之蔽而已矣

公孫丑問曰高子曰小弁小人之詩也孟子曰何以言之曰

怨〔高子齊人也小弁小雅之篇伯奇之詩也怨者怨親之過故謂之小人〕曰固哉高叟之爲詩也有人於此越人關弓而射之則己談笑而道之無他疏之也其兄關弓而射之則己垂涕泣而道之無他戚之也小弁之怨親親也親親仁也固矣夫高叟之爲詩也〔固陋也高子年長孟子曰陋哉高父之爲詩也疏越人故談笑戚親也親其兄故號泣而道之怪怨之意也伯奇仁人而父虐之故作小弁之詩曰何辜于天親親而悲怨之辭也重言固陋傷高叟不達詩人之意也〕曰凱風何以不怨〔公孫丑曰凱風亦孝子之詩邶風凱風之篇也公孫丑曰凱風亦孝子之詩何以獨不怨〕曰凱風親之過小者也小弁親之過大者也親之過大而不怨是愈疏也親之過小而怨是不可磯也愈疏不孝也不可磯亦不孝也孔子

曰舜其至孝矣五十而慕孟子曰凱風言莫慰母心母心不悅也知親之過小也小
弁曰行有死人尚或墐之而曾不關已知親之過大也愈益
也過已大矣而孝子不怨思其親之意何爲如是是益疏之
道也故曰不孝磯激也過小耳而孝子感激輒怨其親是亦
不孝也孔子以舜年五十而慕其親不殆稱曰孝之至矣孝
之不可以已也知高
叟譏小弁爲不得矣

【疏】公孫丑至而慕○正義曰此章言生之膝下一體而分喘息呼吸氣
通於親當親而疏怨慕號天是以小弁之怨未足以爲愆也
公孫丑問曰高子曰小弁小人之詩也高子齊人也公孫丑
問孟子曰高子有云小弁之詩是小人之詩也孟子曰何以
言之孟子又問孫丑以謂高子何以言爲小人之詩曰怨孫
丑又荅之曰爲其有怨也曰固哉高叟之爲詩也又至爲詩
也固陋矣高子老孟子稱曰叟蓋叟長老之稱也孟子曰陋
哉高叟之謂此詩爲小人之詩也今且託以有人於此是爲
越南蠻人被人彎弓而射之則已見之則但談笑而道之也
此無他是與越人疏也其兄如被人彎弓而射之則已見之
必垂涕涙號泣而道之此無他是與兄爲親也小弁之詩其
辭有怨是親親之故也親親仁道也陋矣夫高子之謂此詩
爲小人之詩也然孟子所以重言之深誚高子不達詩人之

意之甚者也曰凱風何以不怨公孫丑再問孟子然則凱風亦孝子之詩也何以獨不怨凱風邶風之詩也曰凱風親之過小者也至五十而慕者孟子又荅之曰凱風之詩是親之過小者也以詩觀之有曰有子七人莫慰母心是爲親之過小者也小弁之詩是親之過大者也以詩觀之有曰何辜于天我罪伊何是則怨以責己爲親之過大者也親之過大而不怨慕之是益疏其親也親之過小而怨之是讟其親也是謂父母不可以磯激之者也是親之過大者以其幽王信褒姒讒言疏太子宜臼之親非特放之又將以殺之是以小弁爲太子之傅作焉而著父之過爲大者也親之過小者以其先王制禮夫死妻稺子幼然後其妻始與適人今七子之母則非稺子幼者也乃反不安其室而欲去嫁是以凱風美孝子以著母之過爲小者也故曰益疏其親而不怨慕之者是不孝者也謂父母不可激之者是亦不爲者也云磯者蓋磯激也若微切以感激之以幾諫者也譬如石之激水順其流而激之耳今乃謂親之不可幾諫安得謂孝子乎所以云愈疏不孝也不可磯亦不孝也又引孔子有云舜其爲至孝者耳以其但亦五十之年尚能慕親矣孟子又引擧此蓋謂至孝則當怨慕之也然則小弁之怨安得謂爲小人乎宜高子所以見誚於吾孟子矣○注伯奇仁人而父虐之至何辜

于天○正義曰按史記云幽王嬖愛褒姒姒生子伯服幽王欲廢太子太子母申侯女而爲后後幽王得褒姒愛之欲廢申后并去太子宜臼以褒姒爲后以伯服爲太子後立爲平王者是宜臼者也以此推之則伯奇宜臼也故小弁之詩注云幽王娶申女生太子宜臼又娶褒姒生子伯服立以爲后而放宜臼將殺之故也○凱風至小弁曰行有死人尚或墐之○正義曰凱風美孝子之詩也云莫慰母心者注云慰安也言有子七人無以安母之心也云行有死人尚或墐之者注云墐路冢也箋云相視投掩行道也視彼人將掩兎尚有先驅走之者道中有死人尚有覆掩之成其墐者言其心所不忍也

宋牼將之楚孟子遇於石丘曰先生將何之宋牼宋人名牼學士年長者故謂之先生石丘地名也道遇問欲何之也曰吾聞秦楚構兵我將見楚王說而罷之楚王不悅我將見秦王說而罷之二王我將有所遇焉牼自謂往說二王必有所遇得從其志也曰軻也請無問其詳願聞其指說之將何如孟子

敬宋牼自稱其名曰軻不敢詳問其指欲如何說之曰我將言其不利也牼曰我將爲二王言與兵之不利也曰先生之志則大矣先生之號則不可先生以利說秦楚之王秦楚之王悅於利以罷三軍之師是三軍之士樂罷而悅於利也爲人臣者懷利以事其君爲人子者懷利以事其父爲人弟者懷利以事其兄是君臣父子兄弟終去仁義懷利以相接然而不亡者未之有也孟子曰先生志誠大矣所稱名號不可用也二王悅利罷三軍三軍士樂之而悅利則舉國尚利以相接待而忘仁義則其國從而亡矣先生以仁義說秦楚之王秦楚之王悅於仁義而罷三軍之師是三軍之士樂罷而悅於

仁義也爲人臣者懷仁義以事其君爲人子者懷仁義以事其父爲人弟者懷仁義以事其兄是君臣父子兄弟去利懷仁義以相接也然而不王者未之有也何必曰利以仁義之道不忍興兵三軍之士悅國人化之咸以仁義相接可以致王

【疏】宋牼至何必曰利○正義曰此章言上之所欲下以爲俗俗化於善久而致平俗化於惡久而致傾者也宋牼將之楚孟子遇於石丘曰先生將何之宋牼宋國之人姓宋名牼孟子尊老之曰先生宋牼將欲往楚國孟子相逢於石丘之地石丘則宋國地也孟子乃問之曰先生將何往曰吾聞秦楚構兵至我將有遇焉宋牼荅孟子曰我聞秦楚二國交兵我將見楚王說而罷之如楚王不悅我說我將又見秦王說而罷之秦楚二王我將有所得從其志也曰軻也至將何如孟子敬宋牼故自稱名曰軻也請無敢問其詳悉願聞其指意說之將如何說之曰我將言其不利也牼荅之曰我將說之以言其興兵之不利也曰先生之志則大矣至何必曰利孟子又荅之

曰先生之志則誠爲大矣先生之名號則不可用也先生今以利說秦楚二王秦楚二王悅於利是必罷三軍之衆萬二千五百人爲軍三軍之衆乃三萬七千五百人也如此是三軍之士卒樂罷兵而悅利也爲人臣者苟懷抱其利以奉君爲人子者又懷抱利以事其父爲人弟者又懷抱利以奉其兄是則君臣父子兄弟終皆亡去仁義之道特懷利以相接待君臣父子兄弟皆以利相接待然而不身亡者未之有也言必亡其身矣先生將以仁義之道說秦楚之王秦楚之王悅從仁義而罷去三軍之衆也如此是三軍之士卒樂罷兵而悅從於仁義也爲人臣者懷抱仁義之道以奉其君爲人子者懷抱仁義之道以奉其父爲人弟者懷抱仁義之道以奉其兄是則君臣父子兄弟乃去其利而抱仁義相接待也既懷抱仁義而相接待則父父子子君君臣臣兄兄弟弟如此則不爲王者未之有也言如此則可以爲王矣何必曰利以說之乎蓋爲利則其害至於亡身爲仁義則其利至於王故曰何必曰利也此孟子所以持仁義之道教宋牼事其秦楚譏其欲以利說秦楚也○注宋牼宋人名牼○正義曰案荀卿非十二子云不知壹天下建國家之權稱曾不足以容辨異懸君臣然而其持之有故其言之成理足以欺惑愚衆是宋鈃也楊倞云宋鈃宋人與孟子尹文子彭蒙愼到同時

孟子作宋牼牼與鈃同口莖反是也孟子居鄒季任爲任處守以幣交受之而不報處於平陸儲子爲相以幣交受之而不報任薛之同姓小國也季任任君季弟也任君朝會於鄰國季任爲之居守其國致幣帛之禮以交孟子受之而不報平陸齊下邑也儲子齊相也亦致禮以交於孟子孟子而不荅之也他日由鄒之任見季子由平陸之齊不見儲子屋廬子喜曰連得間矣問曰夫子之任見季子之齊不見儲子爲其爲相與連屋廬子名也見孟子荅此二人有異故喜曰連今日乃得一見夫子與之間隙也俱荅二人獨見季子不見儲子者以季子當君國子民之處儲子爲相故輕之邪曰非也書曰享多儀儀不及物曰不享惟不役志于享爲其不成享也孟子曰非也非以儲子爲相故不見尚書洛誥篇曰享多儀言享見之禮多儀法也物事

也儀不及事謂有闕也故曰不成享禮儲子本禮不足故我不見也

屋廬子悅或問之屋廬子曰季子不得之鄒儲子得之平陸

屋廬子已曉其意聞義服故悅也人問之曰何為若是屋廬子曰季子守國不得越境至鄒不身造孟子可也儲子為相得循行國中但遣交禮為其不尊賢故禮荅而不見之也

疏

孟子居鄒至平陸○正義曰此章言君子交接動不違禮享見之儀亢荅不差是以孟子或見或否各以其宜者也孟子居鄒至而不報言孟子居處鄒國季任為任國居守者也以其任國之君朝會於鄰國季任為居守其國也季任為居守以幣帛之禮以交孟子孟子受而不荅孟子為齊卿相之時居處於平陸齊之下邑儲子為齊相以幣帛交孟子孟子亦受之而不荅他日由鄒之任至不見儲子言孟子異日自鄒之任國乃見其季子自平陸往齊國乃不見儲子屋廬子喜曰至為相與屋廬子見孟子於此二人見與不見故喜而言曰連於今日得間隙與夫子為語矣故問孟子曰夫子往任國乃見季子往齊國乃不見儲子是為其儲子為齊相故欲輕之歟曰非也至為其不成享也孟子荅之曰非為其為相故不見而輕之耳以其尚書洛誥篇有云享多儀儀言享見之禮多儀法也

如儀不及享獻之物是曰不享以其無儀法雖有物以享之但亦如不享耳惟在上者不役使下之志於享也是以我不見儲子者爲其儀不及物不成享也我所以受之幣而不見荅也屋廬子悅至得之平陸屋廬子已曉故問孟子言而喜悅或人見屋廬子故問之曰此洛誥云是何之謂屋廬子荅之曰季子以其守國故不得越境親至鄒國見孟子故但以幣交孟子孟子所以往而見荅也儲子爲齊相得循行國中可以親至平陸見孟子然以不親見之但亦以幣交之是其不尊賢者也是所謂儀不及物爲不成享也孟子所以之齊故不見而荅之也○注任薛之同姓正義曰案魯隱公十一年左傳云滕侯薛侯來朝爭長公使羽父請於薛侯曰周之宗盟異姓爲後寡人若朝于薛不敢與諸任齒杜預云薛任姓也齒列也是知薛與任爲同姓也○注尚書洛誥篇云○正義曰此篇召公既相宅周公往營成周使來告卜作此洛誥之篇也孔安國云既成洛邑將欲成成王告以居洛之義也云享多儀至惟不役志于享者案安國傳云奉上謂之享言奉上之道多威儀威儀不及於禮物惟曰不奉上人君惟不役志於奉上則凡人化之惟曰不奉上矣

淳于髡曰先名實者爲人也後名實者自爲也夫子

在三卿之中名實未加於上下而去之仁者固如此乎淳于姓髡名也齊之辯士名者有道德之名。實者治國惠民之功實也齊大國有三卿謂孟子嘗處此三卿之中矣未聞名實下濟於民上匡其君而速去之仁者之道固當然邪孟子曰居下位不以賢事不肖者伯夷也五就湯五就桀者伊尹也不惡汙君不辭小官者柳下惠也三子者不同道其趨一也伊尹爲湯見貢於桀。不用而歸湯湯復貢之如何者五思濟民冀得施行其道也此三人雖異道所履則。一也一者何也髡問一者何也曰仁也君子亦仁而已矣何必同孟子言君子進退行止未必同也趨於履。仁而已髡爲其速去故引三子以喻意也曰魯繆公之時公儀子爲政子柳子思爲臣魯之削也滋甚若是乎賢者之無益於國也髡曰魯繆

公時公儀休爲執政之卿子柳泄柳也子思孔子之孫伋也
二人爲師傅之臣不能救魯之見削奪亡其土地者多若是
賢者無所益於國家者何用賢爲

曰虞不用百里奚而亡秦繆公用之而霸不用賢則亡削何可得歟

孟子云百里奚所去國亡所在國霸無賢國亡何但得削豈可不用賢也

曰昔者王豹處於淇而河西善謳緜駒處於高唐而齊右善歌華周杞梁之妻善哭其夫而變國俗有諸内必形諸外爲其事而無其功者髡未嘗覩之也是故無賢者也有則髡必識之

王豹衛之善謳者淇水名衛詩竹竿之篇泉源在左淇水在右碩人之篇曰河水洋洋北流活活衛地濵於淇水在北流河之西故曰處淇水而河西善謳所謂鄭衛之聲也緜駒善歌者也高唐齊西邑緜駒處之故曰齊右善歌華周華旋也杞梁杞殖也二人齊大夫死於戎事者其妻哭之哀城爲之崩國俗化之則効其哭髡曰

如是歌哭者尚能變俗有中則見外爲之。而無功者髡不聞也有功乃爲賢者不見其功故謂之無賢者也如有之則髡必識之矣

曰孔子爲魯司寇不用從而祭燔肉不至不稅冕而行不知者以爲爲肉也其知者以爲爲無禮也乃孔子則欲以微罪行不欲爲苟去君子之所爲衆人固不識也

孟子言孔子爲司寇爲。賢臣不用不能用其道也從魯君而祭於宗廟當賜大夫以胙燔肉不至膊炙者爲燔詩云燔炙芬芬反歸其舍未及稅。冕而行出適他國不知者以爲不得燔肉而慍也知者以爲爲君無禮乃欲以微罪行燔肉不至我黨從祭之禮不備有微罪乎乃聖人之妙旨不欲爲誠欲。急去也衆人固不識君子淳于至不識也○正之所爲謂髡不能知賢者之志也

疏義曰此章言見幾而作不俟終日孔子將行冕不及稅庸人不識課以功實淳于雖辨終亦屈服正者勝也淳于髡曰至固如是乎淳于髡齊國之辨士也淳于髡問孟子曰先名實者爲人也後名實者自爲也言名生于實者也有功利之實斯有功利之名進而

治國濟民則名利在所先故先名實者爲人退而獨善其身
則功利在所後故後名實者爲自爲今夫子嘗處於三卿之
中而名實未加及於上下而去之仁人固肯如是乎髡之意
以爲仁人必不如是也故以此譏之蓋名實未加於上下以
其上無以輔佐君而治國下無以惠澤而濟於民也孟子曰
至其趨○也者孟子乃荅曰居臣下之位不肯以賢而奉事不
肯者是伯夷也所謂伯夷非其君不事是矣五就於湯五就
於桀者是伊尹也所謂何事非君治亦進亂亦進是矣不恥
惡汙君不辭小官者謂柳下惠也所謂爾爲爾我爲我爾焉
能浼我哉阨窮而不憫遺佚而不怨是矣此三子者雖進退
之道不同然其所履則一而已一者何也髡又問孟子所謂
其趨一者是何也曰仁也君子亦仁而已矣何必同孟子又
荅曰其一者是一於仁也言三子進退行止皆一於仁也伯
夷之仁則見於必退以爲清伊尹之仁則見於必進而爲任
下○惠之仁則見於不必進亦不必退而爲和如此則君子進
退行止亦履仁而已何用同其進退行止然後爲仁也孟子
所以引此三子而喻者蓋謂○之去齊是亦伯夷之清者也是
亦有仁而已故以是荅淳于髡曰魯繆公之時公儀子爲政
至無益於國也髡又曰魯繆公之時公儀休爲執政之卿泄
柳孔伋爲師傅之臣而魯國爲敵國所侵削益甚如此是賢

者不能拯救之是賢者無所益於國家也曰虞不用百里奚而亡至何可得歟者孟子又荅之曰虞君不能信用百里奚而亡其國秦繆公任用之而得爲霸是則不能用賢則國亡矣何特止於見削歟故曰削何可得歟蓋百里奚知虞公之不可諫而去之秦而穆公釋其囚授之以國政號曰五羖大夫是其事也又說於萬章首卷之末詳矣曰昔者王豹處於淇上至識之者髡又曰往日衛之善謳詠者王豹居於淇水而西河之人皆善謳齊之善歌詠者緜駒居於高唐而齊右之人皆能善歌凡此是皆以謳相尚故然也齊之二大夫華周杞梁皆死於戎事其二人妻哭哀城爲之崩國俗化之而皆效其哭是以如此歌哭者尚能變化其俗則有諸中必見於外如無其功者髡未曾見之也如此是故無賢者也有賢者則髡必知之矣淳于髡所以又言之此者以其不知繆公不能師公儀休泄柳子思三子之道徒疑之以爲不賢又以此明孟子名實未加於上下而去之亦若是矣故引而言之復譏於孟子淇水河西高唐齊右皆地名也曰孔子爲魯司寇至衆人固不識也孟子又荅曰孔子嘗爲魯國司寇之官不得用其道從魯君祭於宗廟當賜大夫以胙燔肉且不至孔子孔子遂反歸其舍未及脫祭祀之冕而適他國不知孔子者以謂孔子不得燔肉故爲此而行也其知孔子者以謂

爲君無禮乃欲以微罪行微罪以其孔子爲司寇大夫之官凡有祭則大夫之黨黨從君祭既從祭之禮有不備所以有罪矣然則君子之所爲者庸衆之人固不能識而知也孟子言此者又有以譏誚髡也意謂吾之去齊是亦君子之道也豈淳于髡所識也○注淳于髡至然也正義曰案史記列傳云淳于髡者齊之贅壻也長不滿七尺滑稽多辨數使諸侯未嘗屈辱齊威之時喜隱好爲淫樂長夜之飲酒不治委政於卿大夫百官荒亂諸侯並侵國且危之左右莫敢諫淳于髡曰國中有大鳥云云文恐煩更不具述○注髡曰魯繆公至賢爲正義曰云公儀休爲執政之卿者案史記云公儀休魯博士以高弟爲魯相奉法循理無所變更百官自正使食祿者不得與下民爭利受大者不得取小漢書曰公儀子相魯之其家見織帛怒而出其妻於舍而茹葵慍而拔其葵曰吾以食祿又奪園夫織女利乎是公儀休執政之事也云子柳泄柳也檀弓云子柳鄭注云子柳魯穆仲皮之子子碩兄也子思孔伋已說於前矣○注孟子云百里奚去國至賢也正義曰云百里奚所去國亡所在國霸者即經所謂知虞之將亡而先去之相秦而霸其君是也云何但得削者如楊子云或人問魯用儒而削雄曰魯不用真儒故也如用真儒無敵於天下安得削亦是意也○注王豹衛之善謳至知之○無

正義曰：王豹衛之善謳者注案衛詩以淇水在衛地說文云淇水出河内其北山東入河又晉世家云晉西有河西與秦接境北邊翟東至河内是也竹竿碩人皆衛國之詩也云高唐齊西邑案齊莊公元年晉伐齊至高唐杜氏曰高唐在祝阿縣西北是也云華周華旋也杞梁杞殖也二人齊大夫案魯襄公二十三年齊莊公旋自晉不入遂襲莒杞梁華旋載甲夜入宿于莒郊明日先遇莒子於蒲侯氏杜注云近莒之邑也莒子重賂之使無死曰請有盟華周對曰貪貨棄命亦君所惡也昏而受命日未中而棄之何以事君莒子親鼓之從而伐之獲杞梁莒人行成齊侯歸杞梁之妻於郊使弔之辭曰殖之有罪何辱命焉若免於罪猶有先人之敝廬在下妾不得與郊弔齊侯弔諸室杜注云杞梁杞殖也華周即華旋也或云齊莊公襲莒逐而死其妻孟姜向城而哭城爲之崩○注孔子爲魯賢臣從魯君而祭於宗廟燔肉不至者○正義曰案孔子世家云魯定九年孔子爲中都宰一年四方皆則之由中都宰爲司空由司空爲大司寇定公十三年季氏將墮費十四年孔子由大司寇攝行相事有喜色門人聞君子禍至不懼福至不喜孔子曰有是言也於是誅大夫亂政者少正卯齊人歸女樂定公有怠政事子路曰夫子可以行矣孔子曰魯今且郊如致燔于大夫則吾猶可止於是不

致膰俎于大夫孔子遂行宿于此。此。魯國之南地也王肅曰膰祭肉也孔子因適衛矣

孟子注疏解經卷第十二上

南昌縣知縣陳煦栞

孟子注疏卷十二上挍勘記

阮元撰盧宣旬摘錄

何者爲重　各本同孔本無者字

豈重一車羽邪　閩監毛三本孔本同韓本考文古本車作輿

翅辭也若言何其不重也　按翅辭也者翅者是語詞即不啻也說文口部曰啻語時不啻也奚翅不啻猶史漢之言夥頤或析翅字訓但誤矣注云若言何其重也正謂色食之重者後人添不字遂不可解矣

章指言臨事量宜權其輕重以禮爲先食色爲後若有偏　足利本作徧　殊從其大者屋廬子未達故譬摟紾也

周人逆於戶　逆當作迎閩監毛三本不誤

當如之何　閩監毛三本同廖本孔本韓本考文古本無之字

力不能勝一匹雛 音義匹丁作疋云注云疋雛小雛也匹不訓小而詁訓及諸書疋訓耦訓小無文今案方言尐小也音節蓋與疋字相似後人傳寫誤耳

則謂之無力人 閩監毛三本同孔本謂作爲力下有之字韓本考文古本力下有之字

百鈞三千斤也 閩監毛三本孔本韓本同廖本千作十考文引亦作十足利本無百鈞二字案廖本非也

則謂之有力之人 閩監毛三本同廖本孔本韓本考文古本下有矣字

孝悌而已矣 閩監毛三本同宋九經本岳本咸淳衢州本孔本韓本悌作弟○按悌者俗字

淫虐之行也 閩監毛三本同廖本孔本韓本考文古本下有也字

爲桀似桀而已矣 閩監毛三本同廖本孔本韓本考文古本無而已矣三字

不必留館學也 閩監毛三本同孔本韓本考文古本館作此

章指言天下韓本考文古本有之字大道人竝由之病於不爲不患不能是以曹交請學孟子辭焉蓋詩三百一言以蔽之孔本韓本足利本作也

夫堯舜二帝之道而已閩監毛三本而已上增孝弟二字是

則行堯所行堯所行之迹閩監毛三本刪堯所行三字是

口誦詭懦之言閩監毛三本誦下增桀字

注鈞三千斤案鈞上當有百字閩監毛三本改千爲十幷也

帝王世說云案說當作紀

高父之爲詩也閩本孔本韓本考文古本足利本同監毛二本父誤叟

不達詩人之意也閩監毛三本同廖本孔本韓本考文古本意下有甚字

不可磯按段玉裁曰注中訓磯激也但於雙聲求之磯與杚槩字古音同謂摩也故毛詩音義曰磯居依反又古愛反古假借字耳近人以石激水解之殊誤說文固無磯字

而曾不閔已廖本孔本韓本考文古本同閩監毛三本閔誤闕案十行本閔字稍模糊翻刻閩本時誤認爲闕字遂改爲闕耳

而慕其親不殆閩監毛三本同岳本考文古本足利本慕上有思字孔本韓本與岳本同殆作怠是也

孝之至矣岳本孔本韓本考文古本同閩監毛三本矣誤耳

爲不得矣岳本廖本孔本韓本考文古本同閩監毛三本得誤達

章指言生之縢下一體而分喘息呼吸氣通於親當親而䟽怨慕號大是以小弁之怨未足以孔本韓本考文引古本無以字爲慈

也

孟子又問孫丑閩本同監毛二本孫上增公字非下孫丑又荅之同

以褒爲后閩本同監毛二本褒下增姒字

問欲何之也閩監毛三本同廖本孔本韓本考文古本無也字

得從其志也閩監毛三本同廖本孔本韓本考文古本無也字

不敢詳問其指閩監毛三本同岳本孔本韓本考文古本其上有願聞二字

先生之志則大矣毛本生誤王下先生之號同

三軍士樂之而悅利考文古本無三軍二字

則其國從而亡矣閩監毛三本同廖本孔本韓本無從而二字

章指言上之所欲下以爲俗俗化於善久而致平俗化於

惡久而致傾是以君子創業愼其所以爲名也

居守其國閩監毛三本同廖本孔本韓本考文古本下有也字

致幣帛之禮足利本無帛字

受之而不報閩監毛三本同岳本孔本韓本不作未下有也字

亦致禮以交於孟子閩監毛三本岳本廖本孔本韓本考文古本無於字

孟子亦不荅之也閩監毛三本同廖本考文古本作而未荅也孔本韓本足利本作受而未荅也

聞義服故悅也閩本同監本服上剜增而字毛本孔本韓本考文古本同監本○按當作聞義則服

用弟子職語

故禮荅而不見之也閩監毛三本同廖本孔本韓本考文古本無禮之也三字

章指言君子交接動不違禮享見之儀亢考文古本作允荅不差

是以孟子或見或否各 考文古本否各作不沓 以其宜也

有道德之名 閩監毛三本同孔本韓本考文古本下有也字

見貢於桀 足利本貢作責下復貢同○按貢是也

不用而歸湯 閩監毛三本同廖本孔本韓本考文古本上有桀字

如何者五 閩監毛三本何改是岳本孔本韓本作此

所履則一也 閩監毛三本同廖本孔本韓本則作者

趨於屨仁而已 補案屨當作履監毛本不誤

髡爲其速去 閩監毛三本同廖本孔本韓本考文古本爲作譏

孔子之孫伋也 閩監毛三本同廖本孔本韓本考文古本無子之孫三字

衞詩竹竿之篇 閩監毛三本同廖本孔本韓本考文古本下有曰字

北流活活監本下活誤涽

齊右善歌毛本歌誤謳○按右一本作后見文選注藝文類聚要非趙本也

爲之而無功者考文古本之作事

則髡必識之矣閩監毛三本同廖本孔本韓本考文古本之矣作知之

爲司寇爲賢臣閩監毛三本同廖本孔本韓本考文古本作爲魯賢臣

膞炙者爲燔毛本膞誤煿

未及稅冕而行閩監毛三本同廖本孔本韓本考文古本稅下有解祭之三字

不欲爲誠欲急去也考文古本上欲作敬

衆人固不識君子之所爲閩監毛三本同廖本孔本韓本考文古本足利本識作能知二字

章指言見幾而作不俟終日孔子將行冕不及稅庸人不識課以功實淳于髡辯終亦屈服正者勝也

孟子曰至其趨也者　閩監毛三本也上增一字毛本趨作趍

下惠之仁　閩本同監毛二本上增柳字

蓋謂之去齊　閩監毛三本之上增我字

則大夫之黨黨從君祭　補監毛本下黨字作當是也

齊侯歸杞梁之妻　閩本同監本杞上剜增過字毛本同

宿于此此魯國之南地也　閩本同監毛本此改屯

孟子注疏卷十二上挍勘記

奉新趙儀吉挍

孟子注疏解經卷第十二下

告子章句下　趙氏注　孫奭疏

孟子曰：五霸者，三王之罪人也。五霸者，大國秉直道以率諸侯，齊桓、晉文、秦繆、宋襄、楚莊是也。三王，夏禹、商湯、周文王是也。今之諸侯，五霸之罪人也；今之大夫，今之諸侯之罪人也。謂當孟子之時諸侯及大夫也。諸侯臣總謂之大夫。罪人之事，下別言之。天子適諸侯曰巡狩，諸侯朝於天子曰述職。春省耕而補不足，秋省斂而助不給。入其疆，土地辟，田野治，養老尊賢，俊傑在位，則有慶，慶以地。入其疆，土地荒蕪，遺老失賢，掊克在位，則有讓。一不朝則貶其爵，再不朝則削其地三不朝則六師移之是故天子討而不伐諸侯伐而不討五霸者摟諸侯以伐諸侯者也故曰五霸者三王之罪人也巡狩述職皆以助人民慶賞也養老尊賢能者在位賞之以地益其地也掊克不良之人在位則責讓之不朝而至三則討之以六師移之就之也討者上討下也伐者敵國相征伐也五霸强摟牽諸侯以伐諸侯不以王命也於三王之法乃爲之罪人也五霸桓公爲盛葵丘之會諸侯束牲載書而不歃血初命曰誅不孝無易樹子無以妾爲妻再命曰尊賢育才以彰有德三命曰敬老慈幼無忘賓旅四命曰士無世官官事無攝取士必得無專殺大夫五命曰無曲防無遏糴無有封而不告曰凡

我同盟之人既盟之後言歸于好今之諸侯皆犯此五禁故曰今之諸侯五霸之罪人也齊桓公五霸之盛者也與諸侯會于葵丘束縛其牲但加載書不復歃血言畏桓公不敢負之不得專誅不孝樹立也已立世子不得擅易也不得立愛妾爲嫡妻也尊賢養才所以彰明有德之人敬老愛小恤矜孤寡客羈旅勿忘忽也仕爲大臣不得世官賢臣乃得世祿也官事無攝無曠庶僚也取士必得賢也立賢無方也無專殺大夫不得以私怒行戮也無敢違王法而以己意設防禁也無遏止糴不通鄰國也無以私恩擅有封賞而不告盟主也言歸于好無搆怨也桓公施此五命而今諸侯皆犯之故曰罪人也長君之惡其罪小逢君之惡其罪大今之大夫皆逢君之惡故曰今之大夫今之諸侯之罪人也君有惡命臣長大而宣之其罪在不能拒逆君命故曰小也逢迎也君之惡心未發臣以諂媚逢迎之而導君爲非故曰罪大今諸侯之大夫皆逢君之惡故曰罪人也〖疏〗孟子至罪人也○正義曰

此章言王道寖衰轉爲罪人孟子傷之是以博思古法以匡時君者也孟子曰五霸者三王之罪人也至五霸之罪人也者又至今之諸侯之罪人也孟子言齊桓晉文秦繆宋襄楚莊五霸者乃爲夏禹商湯周之罪人也今之諸侯謂孟子時之諸侯乃爲五霸者之罪人也今之大夫亦謂孟子時之大夫乃爲今之時諸侯之罪人也自天子適諸侯至三王之罪人也者此一段是孟子自解五霸爲三王之罪人也天子適諸侯曰巡守至助不給已說在惠王篇言入其疆謂古天子行巡守之禮巡諸侯所守之地至入其諸侯疆境見其土地開辟而不蕪田野耕治而不荒又能養其耆老尊敬賢者有俊傑之才能在位行政事如此則有慶賞以其慶賞益其地也入其封疆見土地荒蕪而不開辟又遺棄其耆老失其賢人惟以掊克多取聚斂之臣在其位以殘民如此則有責讓不特責讓之又其一不朝覲述所職則貶損其爵至二不朝則削減其土地以至三不朝則命六師以移易其位也以其不能保安社稷也是故天子於諸侯有其罪則討而不行兵征伐諸侯之於諸侯則行兵征伐而不討蓋彼有罪而布令陳辭以責之是謂討也彼有罪而用兵行師以加之是謂伐也且五霸者牽率諸侯者也故曰五霸者三王之罪人也以其五霸擅自專權不待天子錫之弓矢然後征錫之鈇鉞然

後殺者也特牽率諸侯以伐諸侯而已是則豈非三王之罪人歟故齊桓率諸侯以伐蔡晉文率諸侯以滅曹秦繆率諸侯以伐晉宋襄率諸侯以伐楚楚莊率諸侯以伐陳是摟諸侯以伐諸侯者也五霸桓公爲盛至五霸之罪人也此一段是孟子自解今之諸侯乃五霸之罪人也言齊桓公爲五霸最盛者也以其土地之廣甲兵之衆强制諸侯懼其未盡從已也於是期約諸侯爲葵丘之會葵丘杜預曰陳留外黄縣有葵丘魯地也諸侯皆束縛其牲但加載書而不復歃血歃血歃血也言不敢負桓公之約也桓公於是初命之曰誅不孝言所誅在不孝矣無易樹子言世子已立更不得擅自變易也無以妾爲妻言不得以愛幸之妾而立嫡妻也其再命之曰尊賢育才以彰有德言賢者當尊之於朝以崇其才德者當養之於學以成其德是所謂以彰明有德者也其三命之曰敬老慈幼無忘賓旅言當敬重其耆老慈憫其幼少又當無忘忽其賓客羈旅其四命之曰士無世官不得兼攝其職也以其一官不專則一事不舉也取士必得言所取之士必得其賢不得使之羣小殽亂之也無專殺大夫言大夫有罪者當皆請命於天子而諸侯不得專殺之也其五命之曰無曲防言不得曲防其水以專利也當通水利而防鄰之而已無遏糴言不得遏止穀糴不通於鄰國也無有封而不告

言不得有私自封賞而不告於天子也五命之後於是又布告之曰凡我同盟會盟之人自今既盟誓之後言當歸於交好無更搆怨也然今之諸侯皆犯此桓公之五禁故曰今之諸侯五霸之罪人也五禁即五命是也長君之惡至今之諸侯之罪人也者此一段孟子自解今之大夫爲今之諸侯罪人者也蓋自諸侯之下皆爲大夫者也言君有惡命臣長益而宣布之其罪猶小以其但不能距逆君之命也君之惡未著而爲之臣乃諂媚逢迎而導君爲非故曰其罪大以其有以啓之也然今之大夫皆有以迎君之惡而啓之故曰今之大夫今之諸侯之罪人也○五霸至者也正義曰云齊桓晉文至楚莊五者今案史記諸侯年表云周莊王十二年齊桓公小白即位周釐王三年始霸會諸侯於甄周惠王二十三年諸侯伐鄭周襄王元年夏會諸侯於葵丘天子使宰孔賜胙命無拜襄王九年卒是桓公自釐王三年始霸至卒凡得四十三年晉文公重耳自周襄王十六年即位是爲霸五年卒諸侯以伐曹襄王二十四年薨即位凡得九年而已宋襄公茲父自周襄王三年即位十三年伐楚十四年死泓戰是歲襄王十五年矣秦繆公任好自周惠王十五年即位二十八年會晉伐楚朝周是歲周襄王二十年三十五年伐晉報殽敗于汪三十九年卒以人從死是歲襄王三十一年矣

楚莊王侶自周頃王六年即位十三年伐陳十六年率諸侯誅陳夏徵舒立陳成公午三十三年薨是歲周定王十六年矣云夏禹商湯周文武說於前矣○注齊桓至罪人也正義曰云與諸侯會于葵丘案魯僖公九年左傳云夏會諸侯于葵丘尋盟且脩好禮也秋齊桓盟諸侯于葵丘曰凡我同盟之人既盟之後言歸于好是之謂也是歲所謂周襄王元年矣云誅不孝者如衛世子輒拒其父蒯聵楚世子商臣弑其父凡此之類是不孝者也云無易其世子者如晉獻公立奚齊以易申生是易世子者也云無立愛妾爲嫡者正妃曰嫡也如晉獻公於驪姬是以愛妾爲嫡也云尊賢育才者如南有嘉魚之詩云太平之君子至誠樂與賢者共之也菁菁者莪之詩云樂育才也凡此是尊賢養才之意也云敬老慈小恤矜寡孤如周禮大司徒之職云以保息六養萬民一曰慈幼二曰養老孟子曰文王發政施仁必先鰥寡孤獨是其旨也云賓客羈旅無忽忘也周禮太宰職云以禮待賓客之治是不忘賓客也孟子曰關市譏而不征是不忘忽羈旅也云仕爲大臣不得世官乃得世禄者如魯有臧孫氏仲孫氏叔仲氏季孫氏晉有狐氏趙氏荀氏郤氏欒氏范氏齊有高氏國氏崔氏衛有甯氏孫氏是皆世官之類也孟子曰文王治岐士無世祿是世祿之謂也云無曠庶僚者孔安國云僚官

也曠空也尚書注云無曠庶官天工人其代之位非其人爲空官言人代天理官不可以天官私非其人亦具官而事無攝則爲非禮孔子曰管仲官事不攝焉得儉所以譏誚之矣云取士必得立之無方者如桓公取管仲於賊國湯立賢無方是矣若晉奚齊之於里克陳靈公於夏徵舒是取士不得矣云不得以私怒行戮者如文公六年左傳云賈季怨陽子之易其班而知其無援於晉乃使續鞫居殺處父成公八年晉殺其大夫趙括十五年宋殺其大夫山十六年楚殺其大夫公子側是也凡此之類春秋書之四十有七是專殺大夫也云無敢違王法而以己意私設防禁者然而此意亦通義矣柰何據其下文曰遏糴則無曲防是爲無曲防障其水以專利者也故先王制畎遂溝洫所以爲此矣是齊桓會諸侯于陽穀公羊以爲障谷會諸侯于葵丘穀梁以爲無壅泉凡此可見矣云無止糴如秦饑晉閉之糴是也云無以私恩擅有封賞如成公十八年楚取彭城以封魚石是也凡此五命案左傳文則曰凡我同盟之人既盟之後言歸于好而不及五命案公穀梁述葵丘會有云無遏糴無易立子無以妾爲妻無使婦人與國事無壅泉而不及誅不孝尊賢育材士無世官官事無攝取士必得無專殺大夫無有封而不告案公羊述桓公陽穀之會則云無障谷無貯粟無易立子無以妾

爲妻而不及無使婦人與國事其詳略與此不同蓋所以相終始而已又案春秋凡書諸侯會有四十九而齊桓十有八焉內臣會凡二十有六而齊居四焉書外相會凡十有三而齊居六焉案史記云兵車之會三乘車之會六孔子曰桓公九合諸侯一匡天下穀梁傳云衣裳之會十有一范注云十三年會北杏十四年會鄄十五年會鄄十六年會幽二十七年又會幽僖公元年會檉二年會貫三年會陽穀五年會首戴七年會甯九年會葵丘凡十一會也

魯欲使慎子爲將軍孟子曰不教民而用之謂之殃民殃民者不容於堯舜之世一戰勝齊遂有南陽然且不可

慎子善用兵者不教民以仁義而用之戰鬬是使民有殃禍也堯舜之世皆行仁義故好戰殃民者不能自容也就使慎子能爲魯一戰取齊南陽之地且猶不可山南曰陽岱山之南謂之南陽也

慎子勃然不悅曰此則滑釐所不識也

滑釐慎子名不悅故曰我所不知此言何謂也

曰吾明告子天子之地方千里不千里

不足以待諸侯諸侯之地方百里不百里不足以守宗廟之典籍周公之封於魯爲方百里也地非不足而儉於百里太公之封於齊也亦爲方百里也地非不足也而儉於百里今魯方百里者五子以爲有王者作則魯在所損乎在所益乎徒取諸彼以與此然且仁者不爲況於殺人以求之乎孟子見愼子不悅故曰明告子天子諸侯制制如是諸侯當來朝聘故言守宗廟典籍謂先祖常籍法度之文也周公大公地尚不能滿百里儉而不足也後世兼侵小國今魯乃五百里矣有王者作若文王武王者子以爲魯在所損之乎在所益之乎言其必見損也但取彼與此爲無傷害仁者尚不肯爲況戰鬭殺人以求廣土地乎

君子之事君也務引其君以當道志於仁而

已　言君子事君之法牽引其君以當正道者仁也志仁而已欲使慎子輔君以仁也【疏】慎子至而已○正義曰此章言招攜懷遠貴以德禮賤其用兵義勝爲上戰勝爲下明賤戰者也魯欲使慎子爲將軍慎子名滑釐善用兵者也魯國遂欲使慎子爲將軍戰鬬孟子曰不教民以仁義之道而用之戰鬬是謂殃禍以殘害民也故好戰而殃禍殘害其民者不容於堯舜二帝之世也以其堯舜之世民皆仁義但如四凶者則誅戮之是不容殃民者也今欲使慎子爲將軍雖爲魯一戰而遂取南陽之地然且猶不可況有不勝者乎慎子勃然不悅曰此則滑釐之罪也慎子見孟子此言乃勃然變顏而不悅而憤之曰此言則滑釐所不知也故自稱名爲滑釐是以因知滑釐爲慎子名也曰吾明告子至於仁而已孟子乃與之曰我分明告子以其不可之意也且天子之地方潤千里不潤千里則其中無可以待諸侯諸侯之地方闊百里不闊百里則其中無以守宗廟之典籍典籍常籍法度之文也謂先祖之典籍也周公之封於魯也其地爲方闊百里者也非其地不足而儉用於百里然亦不敢縱欲以敗王制也太公之封於齊亦然今魯國方百里之地有五以其方五百里者也子今且以爲有王者興作則此魯國之地在所損之中乎在所益之中乎言必在所損也是則徒

務戰鬭取彼以與此也是則仁者且不肯爲而戰鬭殺人以求廣土地乎○注慎子善用兵至南陽也○正義曰案史記慎到趙人也學黄老道德之術著十二篇徐廣曰今慎子劉向所定有四十六篇墨子云公輸子意不過欲殺臣殺臣宋莫能守可攻也然臣之弟子滑釐等三百人已持魯國之器在宋城上而待楚寇也雖殺臣不能絶也於是楚王曰善哉吾請無攻宋城矣是慎子即慎到矣荀卿非十二子篇注云慎子與宋銒孟子同時是也墨子之云則又知是爲善用兵者矣云山南曰陽岱山之南謂之南陽者案尚書禹貢岳陽孔安國云山南曰陽岱山即太山在齊國之南者也周公封於魯太公封於齊案周禮上公之地五百里齊魯是爲上公之封則百里實封之五百里兼附庸之地也今魯方百里非兼附庸也安詩自廣而已禮記曰周公封於曲阜百里史記云周封伯禽於魯四百里太公於齊兼五侯地是皆臆說不足取信也

孟子曰今之事君者皆曰我能爲君辟土地充府庫今之所謂良臣古之所謂民賊也辟土地侵小國也充府庫重賦斂也今之所謂良臣於古之法爲民賊者也賊傷民也故謂之賊也君不鄉道

不志於仁而求富之是富桀也爲惡君聚斂以富之爲富桀也謂君夏桀也我能爲君約與國戰必克今之所謂良臣古之所謂民賊也連諸侯以戰求必勝之也君不鄉道不志於仁而求爲之强戰是輔桀也說與上同由今之道無變今之俗雖與之天下不能一朝居也今之道非善道今之世俗漸惡久矣若不變更雖得天下之政而治之不能自安一朝之間居其位也

疏孟子止居也○正義曰此章言善爲國者必藏於民賊民以往其餘何觀變俗移風非樂不化以亂齊民不知其善者也孟子曰至不能一朝居也孟子言今之世爲臣而奉事君者皆曰我能爲君廣闢土地充實府庫以其皆掊克之人也今之所謂忠臣良臣者皆古之先王治世所謂爲殘賊民者也孟子於此又言君既不趨向慕於道其心之所之又不志於仁是爲惡也而爲臣者又掊克聚斂而求富之是如富於夏桀之君也又且曰我能爲君期與敵國戰鬪必能勝如此是今之所謂良臣即古之所謂民

賊者也君既不向慕道不志於仁而爲臣者又求爲之強戰鬬於敵國是輔桀也若猶用今之不善之道又不能變更今之世俗如此者雖與之以天下亦且不能自安一朝之間以居其位也是以孟子於魯欲使愼子爲將軍所以深闢之也

白圭曰吾欲二十而取一何如白圭周人也節以貨殖省賦利民使二十而稅一

孟子曰子之道貉道也萬室之國一人陶則可乎貉夷貉之人在荒服者也貉之說二十而取一萬家之國使一人陶瓦器則可乎以此喻白圭之所言而已矣

曰不可器不足用也白圭曰一人陶則瓦器不足以供萬室之用也

曰夫貉五穀不生惟黍生之無城郭宮室宗廟祭祀之禮無諸侯幣帛饔飧無百官有司故二十而取一而足也貉在北方其氣寒不生五穀黍早熟故獨生之無中國之禮如此之用故可二十而取一而足也

今居中國去人倫無君子如之何其可也陶

以寡且不可以爲國況無君子乎欲輕之於堯舜之道者大貉小貉也欲重之於堯舜之道者大桀小桀也今之居中國當行禮義而欲効夷貉無人倫之敘無君子之道豈可哉陶器者少尚不可以爲國況無君子之道乎堯舜以來什一而稅足以行禮故以此爲道今欲輕之二十而稅一者夷貉爲大貉子爲小貉也欲重之過什一則是夏桀爲大桀而子爲之小桀也

（疏）白圭至小桀也○正義曰此章言先王典禮萬世可遵什一供貢下富上尊裔土簡惰二十而稅夷狄有君不足爲貴圭欲法之孟子斥之以王制者也白圭曰吾欲二十而取一何如白圭周人也白圭言於孟子曰我今欲省賦利民但二十中而稅一如之何孟子曰子之道貉道也萬室之國一人陶則可乎孟子欲闢之故與之曰子以二十而稅一之道乃荒服北裔貉之道也故託喻以問之曰萬家之國但以一人陶瓦器而供使用則可乎否乎曰不可器不足用也白圭荅之曰一人陶器而供萬家之國則器不足用也是爲不可也曰夫貉五穀不生至大桀小桀也孟子又與之言曰夫貉居於北方其地寒燥而五穀不生長惟黍早熟於寒

燎故生之又以其無中國之城郭宮室又無宗廟祭祀之禮又無幣帛饔飧之費又無百官之衆供贍朝食曰饔夕食曰飧如此無有費用供贍故於貉但二十而稅一亦足給也今居中國之地如去人倫之敘使無君子之道如何爲可乎然而陶器之少且尚不可以爲供國之用況於國而無君子之道乎且自堯舜二帝以來皆以什一而稅也今欲輕於堯舜什一之道而欲二十而取一則夷貉爲大貉而子爲小貉也如欲重於堯舜什一之道而過於什一則夏桀爲大桀而子爲小桀也以其桀暴於賦斂者也此孟子所闢之白圭也○注白圭周人也○正案班固志貨殖傳云白圭周人也當魏文侯時李克務盡地力而白圭樂觀時變故人弃我取人取我與能薄飲食忍嗜慾節衣服曰吾治生與伊尹呂尚之謀孫吳用兵商鞅行法是也又公羊傳曰古者什一而籍古者曷爲什一而籍什一者天下之中正也多乎什一大桀小桀寡乎什一大貉小貉什一者天下之中正也什一行而天下頌聲作矣何休云多取於民比於桀蠻貉無百官制度之費稅薄穀梁云古者什一而籍孟子曰夏氏五十而貢殷人七十而助周人百畝而徹凡書傳云什一者衆矣杜預曰古者公田之法十取其一謂十畝內取一舊法既以十畝取一矣春秋魯宣公十五年初稅畝又履其餘畝更復十取其一乃

是什取其二故魯哀公問有若曰二吾猶不足如之何其徹也周禮載師云凡任地近郊十一遠郊二十而三甸稍縣都皆取過十二漆林之征二十而五彼謂王畿之内所共多故賦稅重諸書所言什一皆謂畿外之國故鄭玄曰云什一而稅謂之徹徹通也爲天下之通法言天下皆什一耳不言畿内亦什一也孟子云方百里爲井井九百畝其中爲公田八家皆私百畝同養公田公事畢然後敢治私事鄭玄云詩箋云井稅一夫其田百畝則九而稅一其意又異於漢食貨志云井田方百里是爲八九家共之各受私田百畝公田十畝是爲八百八十畝餘二十畝爲廬舍然而諸儒多用孟子爲義如孟子所言則家别一百一十畝是爲十一外稅一也是爲鄭玄有異於此此也又孟子對滕公請野九一而助國中什一使自賦鄭玄周禮匠人注孟子此言乃云是邦國亦異外内之法則鄭玄以爲諸侯郊外郊内其法不同郊内十一使自賦其一郊外九而助一是爲二十而稅一故鄭玄又云諸侯謂之徹者通其率以十一爲正郊内郊外相通其率爲十稅一也杜預直云十取其一則又異於鄭惟謂一夫百畝以十畝歸公趙注不解夏五十殷七十而助助七畝好惡取於此鄭注考工記云周人畿内用夏之貢法邦國用殷之助法也

白圭曰丹之治水也

愈於禹丹名圭字也當諸侯之時有小水白圭爲治除之因自謂過乎禹也孟子曰子過矣禹之治水水之道也是故禹以四海爲壑今吾子以鄰國爲壑水逆行謂之洚水洚水者洪水也仁人之所惡也吾子過矣子之所言過矣禹除中國之害以四海爲溝壑以受其害水故後世賴之今子除水近注之鄰國觸於洚水之名仁人惡爲之自以爲愈於禹是子亦過甚矣

【疏】白圭至過矣○正義曰此章言君子除害普爲人也白圭壑鄰亦以狹矣是故賢者志其大者遠者也白圭曰丹之治水也愈於禹丹圭名也趙注所以知其爲圭字也孟子與之曰子此言有過謬矣夫大禹之治水因水道而疏通歸於海也此故禹以四海爲溝壑以受其水害故當時民皆得平土而居之今吾子以鄰國爲壑以受害而又有逆其水道且逆水者所以謂之洚水謂洚水即洪大之水也是爲仁人之所惡之也今子如是乃云有愈於大禹是吾子之過謬矣白圭云所以言此者是又不知大禹不自滿假不自伐之謂也於禹治水之功是又白圭未得禹萬分之一也宜其孟

子辭而闢之以爲過謬者矣抑亦不思天下有溺者由己溺之謂也孟子曰君子不亮惡乎執亮信也易曰君子履信思順若爲君子之道捨信將安所執之邪疏正義曰此章言重信之至者也孟子言君子之道如不以信爲主則君。之道惡乎執言執君子之道特在乎信也亮信也然言亮而不言信者蓋亮之爲義其體在信其用在明君子之道惟明爲能明善在信爲能誠身不明乎善不能誠其身矣是則君子不亮又惡乎執歟以其誠也者擇善而固執之者也故論語云自古皆有死民無信不立是重信之至也

魯欲使樂正子爲政樂正子克也魯君使之執政於國孟子曰吾聞之喜而不寐喜其人道德得行爲之喜而不寐公孫丑曰樂正子強乎曰否有知慮乎曰否多聞識乎曰否丑問樂正子有此三問之所能乎孟子皆曰否不能有此也然則奚爲喜而不寐丑問無此三者何爲喜而不寐曰其爲人也好善孟子言樂正子之爲人也能好

善故爲之喜好善足乎丑問以但好善足以治國乎曰好善優於天下而況魯國乎夫苟好善則四海之內皆將輕千里而來告之以善夫苟不好善則人將曰訑訑予既已知之矣訑訑之聲音顏色距人於千里之外孟子曰好善樂聞善言是采用之也以此治天下可以優之。舜是也何況於魯不能治乎人誠好善四海之內皆輕行千里以善來告之誠不好善則其人將曰訑訑賤他人之言訑訑者自足其智不嗜善言之貌訑訑之人發聲音見顏色人皆知其不欲受善言也道術之士聞之止於千里之外而不來也士止於千里之外則讒諂面諛之人至矣與讒諂面諛之人居國欲治可得乎懷善之士止於千里之外不肯就之則邪惡順意之人至矣與邪惡居欲使國治豈可得乎

疏魯欲至得乎。正義曰此章言好善從人聖人一槩禹聞讜言答之以拜訑訑距之善人

亦逝善去惡來道若合符者也魯欲使樂正子執政故言於
弟子曰我聞魯欲使樂正子爲政遂喜而不寐以其樂正子
將得行其道也公孫丑曰樂正子強乎至曰否公孫丑見孟
子此言以爲喜而不寐乃問孟子曰樂正子有強力勝乎曰
否孟子荅無以力勝也公孫丑問有智慮能善謀乎曰否孟
子又荅之曰無用智慮謀也公孫丑又問曰有多聞見識乎
曰否孟子又荅曰無多聞見識也然則奚爲喜而不寐曰其
爲人也好善孟子曰樂正子爲人能好善言故爲之喜也好
善足乎又問言樂正子但好善言足以治國乎曰好善優於
天下至可得乎孟子與之曰能好善言足優爲於天下也而
況魯國乎夫人苟好善則四海之內有善言之士皆得不遠
千里而來告之也苟不能好善則四海之內人將曰彼人之
訑訑自足其智不好善言我既已知之如此則訑訑之人發
聲音形顏色以距止人於千里之外是則善言之士既止於
千里之外而不來告之則讒惡諂佞面從之人至矣然而與
讒惡諂佞面諛之人居國欲使之治尚可得乎言不可得而
治也莊子云好言人之惡以爲讒希意導言以爲諂不擇是
非而言以爲諛。注樂正子克。正義曰已說於前矣。注
聞善言虞舜是也。正義曰孟子曰舜聞一善言見一善行
若決江河沛然莫之能禦是之謂也。注禹聞讜言荅之以

拜至此之謂也。○正義曰禹聞善言則拜尚書讜言說於前矣詩曰雨雪瀌瀌見晛曰消者此蓋角弓之詩文也注云晛日也瀌瀌雨雪之盛貌

陳子曰古之君子何如則仕陳臻問古之君子謂何禮可以仕也孟子曰所就三所去三迎之致敬以有禮言將行其言也則就之禮貌未衰言弗行也則去之其次雖未行其言也迎之致敬以有禮則就之禮貌衰則去之其下朝不食夕不食飢餓不能出門戶君聞之曰吾大者不能行其道又不能從其言也使飢餓於我土地吾恥之周之亦可受也免死而已矣所去就謂下事也禮者接之以禮也貌者顏色和順有樂賢之容禮衰不敬也貌衰不悅也其下者困而不能與之祿則當去矜其困而問之苟免死而已此三就三去之道窮餓而去

不疑也故不言去免死而留爲死故也權時之宜嫌其疑也故載之也

疏 陳子至已矣○正義曰此章言士雖正道亦有量宜聽言爲上禮貌次之困而免死斯爲下矣滿此三利無疑者也陳子曰古之君子何如則仕陳臻問孟子古之君子何如則可進爲之仕孟子曰所就三所去三孟子荅之曰古之君子爲仕所去就有三也下文孟子解之者是也自迎之致敬至死而已矣是解所去就有三矣言國君迎接之致其敬以有禮言將行用其言也則就而仕之是所謂行可之仕也如禮貌接之以禮又有樂賢之容未衰而言弗得行也則當退而去之以其爲道而仕道不行則去矣其次國君雖未行用其言然而接之致敬以有禮則就而仕之是所謂際可之仕也及其國君接之不以禮又無樂賢之容是其禮貌衰也是則退而去之以其爲禮而仕禮既衰則去矣其下朝旦無以食夕昏又無以食以至飢餓困乏不能出其門戶國君聞之乃曰吾大爲之君者不能使之得行其道又不能聽從其言而使飢餓於我之土地吾羞恥之也如此國君有以周賜之亦可以受之而不辭也無他免其餓死而已矣以其爲貧而仕是公養之仕也是以昔之孔子去就如是此孟子荅陳臻之問所以執此而詳悉告之

孟子曰舜發於畎畝之中傅

說舉於版築之間膠鬲舉於魚鹽之中管夷吾舉於士孫叔敖舉於海百里奚舉於市故天將降大任於是人也必先苦其心志勞其筋骨餓其體膚空乏其身行拂亂其所爲所以動心忍性曾益其所不能舜耕歷山三十徵庸傅說築傅巖武丁舉以爲相膠鬲殷之賢臣遭紂之亂隱遁爲商文王於鬻販魚鹽之中得其人舉之以爲臣也士獄官也管仲自魯囚執於士官桓公舉以爲相國孫叔敖隱處耕於海濱楚莊王舉之以爲令尹百里奚亡虞適秦隱於都市穆公舉之於市而以爲相也言天將降下大事以任聖賢必先勤勞其身餓其體而瘠其膚使其身乏資絕糧所行不從拂戾而亂之者所以動驚其心堅忍其性使不違仁困而知勤增益其素所以不能行之者也人恒過然後能改困於心衡於慮而後作徵於色發於聲而後喻人常以有謬思過行不得福然

後乃更其所爲以不能爲能也困瘁於心衡横也横塞其慮
於胷中而後作爲奇計異策憤激之說也徵驗見於顏色若
屈原憔悴漁父見而怪之發於聲而後
喻若甯戚商歌桓公異之是而已矣

入則無法家拂士出則無敵國外患者國恒亡然後知生於憂患而死於安樂也

入謂國內也無法度大臣之家輔弼之士出謂國外也無敵國可難無外患可憂則凡庸之君驕慢荒怠國常以此亡也故知能生於憂患死於安樂也死亡也安樂怠慢使人亡其知能者也

疏　孟子曰至安樂也○正義曰此章言聖賢困窮天堅其志次賢感激乃奮其意凡人佚樂以喪知能賢愚之教者也孟子曰舜發於畎畝之中至死於安樂也者孟子言舜初起發自歷山畎畝之中而堯禪其位傅說築於傅岩之間而高宗舉之爲相膠鬲鬻販於魚鹽之中而商文王舉爲賢臣管仲爲士官之囚而桓公舉爲相國孫叔敖隱遁於海濱而楚莊王舉爲令尹百里奚亡虞歸秦而隱於都市秦繆公任之以爲相故天欲降其大任與之卿相之位於此六人也必先所以如是苦楚其心志勩勞其身已餓其體使之焦枯疲瘠其皮膚又使其身空乏無資財所行不遂而拂戾其所

爲又所以驚動其心堅忍其性曾益其素所不能而已又言人常以過謬然後更改而遷善困瘁於心而無所逼則其操心也危橫塞其慮而思慮無所達而後乃能與作其大憔悴枯槁之容而驗於色而後有吟咏嘆息之氣而發於聲則人見其色聞其聲而後諭曉其所爲矣又言國君者入於國內無大夫循守其職而爲之法家又無輔弼諫諍之士出於國外則無強敵之大國爲危難之警如是者其國未爲不喪亡矣故曰國常亡如是則然後因而知人以憂患謀慮而生以安樂怠慢而死也故曰生於憂患而死於安樂也○注舜耕歷山至不能行○正義曰自舜耕歷山至繆公舉之以爲相也是皆案史記之文也○注若屈原憔悴與甯戚商歌桓公異之○正義曰案史記屈原名平與楚同姓事懷王爲三閭大夫王甚任之上官大夫與之同列爭寵而心害其能因讒之王怒而疏平復逐放之平乃遊江濱被髮行吟澤畔顏色憔悴形容枯槁時有漁父釣於江濱怪而問之曰子非三閭大夫乎何故至此原曰舉世混濁而我獨清衆人皆醉而我獨醒漁父曰聖人不凝滯於物與世推移舉世皆濁何不混其泥而揚其波衆人皆醉何不啜其漕而餔其漓原曰吾聞新沐者必彈冠新浴者必振衣誰能以身察察受物之汶汶者乎寧赴常流而葬魚腹中耳遂作長沙之賦懷石自投汨

羅以死後百餘年賈誼爲長沙王大傅過湘投書以吊之甯戚角歌者案三齊記云齊桓公夜出迎客甯戚疾擊其牛角高歌曰南山粲白石爛生不遭堯與舜禪短布單衣適至骭從昏飯牛薄夜半長夜曼曼何時旦桓公乃召與語説之遂以爲大夫

孟子曰教亦多術矣予不屑之教誨也者是亦教誨之而已矣教人之道多術予我也屑絜也我不絜其人之行故不教誨之其人感此退自修學而爲仁義是亦教誨之一道也【疏】正義曰此章言學而見賤恥之大者激而厲之能者以改教誨之方或折或引同歸殊塗成之則者也孟子言教人之道非特一術耳以其多有也我之所以於不絜人之行而不教之者此亦我有以教之也以其使彼感激自勉修爲之而已是以亦爲教誨之者也蓋謂教亦多術者有君子之五教或三隅不反則不復也或叩兩端而竭於鄙夫或瀆則不告或謂子之歸求有餘師或爲挾貴而不荅是教之多術矣

孟子注疏解經卷第十二下

大清嘉慶二十年用文選樓藏本校定

長盈盧氏宣旬校定

南昌縣知縣陳煦栞

孟子注疏卷十二下挍勘記　阮元撰盧宣旬摘錄

商湯　閩監毛三本同廖本孔本韓本商作殷

周文王是也　廖本孔本韓本考文古本同閩監毛三本王改武

則有讓　石經讓諱作責

不朝而至三　閩監毛三本同岳本廖本孔本韓本考文古本無而字

則討之以六師　閩監毛三本同廖本孔本韓本考文古本無則字

乃爲之罪人也　閩監毛三本同廖本孔本韓本考文古本無爲之二字

五霸桓公爲盛　石經桓諱作威

無易樹子　石經樹諱作立

敬老慈幼　石經敬諱作欽

不敢負之 閩監毛三本同廖本孔本韓本考文古本之作也

不得立愛妾爲嫡妻也 閩監毛三本同廖本孔本韓本無妻字

取士必得賢也立賢無方也 閩監毛三本同廖本上也作立下賢作之孔本韓本考文古本同廖本惟少一立字

不得以私怒行戮也 閩監毛三本同廖本孔本韓本戮上有誅字

而以己意設防禁也 閩監毛三本同廖本孔本韓本考文古本意上有曲字

擅有封賞 閩監毛三本同廖本孔本韓本考文古本有下有所字

臣以諂媚逢迎之 閩監毛三本同廖本孔本韓本無之字

章指言王道寖衰轉爲罪人孟子傷之是以博思古法匡時君也

五霸至者也閩監毛三本上增註字者閩本作是

士無世祿補監毛本無作者不誤

天子諸侯制制如是上制字誤廖本孔本韓本考文古本作地是閩監毛三本作之非

在所損之乎在所益之乎閩監毛三本同廖本孔本韓本考文古本上乎作中邪二字下乎作中也二字○按上云邪下云也古人文法多如此

以當正道者廖本孔本韓本考文古本同閩監毛三本正誤王

章指言招攜懷遠貴以德禮旣孔本韓本作及考文古本作暨其用兵廟勝爲上戰勝爲下明賤戰也

愼子至而已閩本同監毛二本上增魯欲使三字

今之事君者皆曰閩監毛三本孔本同考文古本足利本無皆字

侵小國也閩監毛三本同廖本孔本韓本考文古本小作鄰

今之所謂民臣閩監毛三本同廖本孔本韓本考文古本臣下有者字

於古之法爲民賊者也閩監毛三本同廖本孔本韓本考文古本無者也二字

賊傷民也閩監毛三本同廖本孔本韓本考文古本無賊字也字

求必勝之也閩監毛三本同廖本孔本韓本考文古本無之字

章指言善爲國者必孔本韓本考文引古本作以藏於民賊民以往其餘何觀變俗移風非樂不化以亂濟民不知其善也

孟子止居也閩本同監毛二本止改至

省賦利民閩監毛三本同廖本孔本韓本上有欲字

以此喻白圭之所言而已矣閩監毛三本同廖本孔本韓本考文古本作以此喻白圭

所言也

無諸侯幣帛饔飧飧當作飱毛本饔作饗

故二十而取一而足也諸本無上而字

故可二十而取一閩監毛三本同廖本孔本韓本無而字

二十而稅一者閩監毛三本同廖本孔本韓本考文古本無而字

則是夏桀爲大桀而子爲之小桀也閩監毛三本同廖本孔本韓本無是字而字之字考文引而子爲之小桀也云古本無而字之字

章指言先王典禮萬世可遵什一供貢下富上尊裔土考文古本作士簡惰二十而稅夷狄有君韓本刪此四字孔本作貉道有然不足爲貴此四字韓本亦刪圭欲去之孟子斥之以王制也

正案班固志貨殖傳云　正下脫義曰二字閩監毛三本不脫

井田方百里是爲八九家共之　閩本同監毛二本百作一八九家作九夫八家是案此文監本擠寫是監本剜改

當諸侯之時　閩監毛三本同廖本孔本韓本無之字

因自謂過乎禹也　閩監毛三本同廖本孔本韓本考文古本無乎字

是子亦過甚矣　閩監毛三本同廖本孔本韓本考文古本無是字

章指言君子除害普爲人也白圭壑鄰亦以狹矣是故賢者志其大者遠者也

君子不亮惡乎執　音義本亦無乎字

捨信將安所執之邪　閩監毛三本同岳本無所字廖本孔本韓本捨作舍無所字邪字考文古

本無所字邪字

章指言論語曰自古皆有死民無信不立重信之至者孔本韓本考文古本無者字也

則君之道君下漏子字閩監毛三本不脫

丑問以但好善閩監毛三本同岳本孔本韓本考文古本以作人

舜是也閩監毛三本同廖本孔本韓本考文古本上有虞字

懷善之士閩監毛三本同廖本孔本韓本考文古本善下有言字

章指言好善從人聖人一概禹聞讜言荅之而拜訑訑吐之善人亦逝善去惡來道若合符詩曰雨雪瀌瀌見晛聿消此之謂也

注禹聞讜言荅之而拜至此之謂也閩監毛三本而作以此之謂作合符者

正義曰禹聞善言則拜尚書讜言說於前矣詩曰雨雪瀌瀌見晛曰消者此蓋角弓之詩文也注云晛日也瀌瀌雨雪之盛貌閩監毛三本無詩曰至盛貌三十一字

謂何禮可以仕也閩監毛三本同廖本孔本韓本考文古本謂作得

迎之致敬以有禮石經敬諱作欽下同

三十徵庸監本徵誤徵○按此三十當同五十而慕注作二十

文王於鬻販魚鹽之中音義鬻字或作育

章指言仕雖正道亦有量宜聽言爲上禮貌次之困而免

死斯爲下矣考文古本作夫備考文古本作漏此三科亦無疑也

所以不能行之者也閩監毛三本同廖本孔本韓本考文古本無之者也三字

人恆過石經恆諱作常下同

徵於色石經徵諱作證

横塞其慮於胷中閩監毛三本同廖本孔本韓本考文古本胷下有臆之二字

若甯戚商歌考文古本商作高案非也

是而已矣閩監毛三本同廖本孔本韓本考文古本無此四字

輔弼之士閩監毛三本同孔本韓本考文古本弼作拂

安樂怠慢使人亡其知能者也閩監毛三本同廖本孔本韓本考文古本慢作惰無者字

章指言聖賢困窮天堅其志次賢感激乃奮其慮凡人佚樂以喪知能賢愚之敘也

何不啜其漕而餔其漓（補）監毛本漕作糟漓作醨是也

是亦教誨之一道也　閩監毛三本同廖本孔本韓本考文古本亦下有我字

章指言學而見賤恥之大者激而厲之能者以改教誨之方或折或引同歸殊塗成之而已

成之則者也　毛本則下有一字

孟子注疏卷十二下挍勘記

奉新趙儀吉挍

孟子注疏解經卷第十三上

盡心章句上　凡四十五章　孫奭疏

趙氏注　盡心者，人之有心，爲精氣主，思慮可否，然後行之。猶人法天，天之執持綱維以正二十八舍者北辰也。論語曰：北辰居其所而衆星拱之。心者，人之北辰也。苟存其心，養其性，所以事天也。故以盡心爲篇題。

疏　正義曰：前篇章首論告子之言性，此篇章首以論盡心。盡以情性有主於心，故次之以盡心也。言盡己之心與天道通，是道之極者，故孟子七篇所以終於盡心也。此篇凡八十四章，趙氏分成上下卷，此卷即有四十五章而已。一章言盡心知性；二章言爲仁由己，富貴在天；三章言每必以誠恕己而行；四章言人有仁端，達之爲道；五章言遠辱不爲憂；六章言不慕大人，何能有恥；七章言王公尊賢，以貴下賤；八章言内定常滿，賤不失道，達善天下；九章言小人待化；十章言人情富盛，莫不驕矜；十一章言勞人欲以使之，殺人欲以生之；十二章言王政浩浩，與天地同道，霸者德小，民人遠觀十三章言明法審令崇寬務化十四章言本性良能仁義是也十五章言聖人潛隱十六章言孤孽自危故能顯達十七章言容悅凡言社稷股肱天民行道大人正己十八章言育養賢才樂過萬乘十九章言臨涖天下君子之樂尚不與焉二十章言王政普大二老聞歸二十一章言教民之道富而節用二十二章言能大明者無不照二十三章言好善從舜好利從跖二十四章言楊墨放蕩子莫執中二十五章言飢不妄食二十六章言下惠不恭二十七章言爲仁由己必在究之二十八章言仁在性體其次假道二十九章言放惡攝政伊周有爲凡人志異則生簒心三十章言君子正己以立於世三十一章言人當尚志善之所由仁與義也三十二章言事有輕重行有小大三十三章言奉法承天政不可枉大孝榮父遺棄天下三十四章言人性皆同居使之異三十五章言輿服器用人用不殊尊貴居之志氣以舒三十六章言取人之道必以恭敬三十七章言聖人踐形三十八章言禮斷三年孝者欲益富貴怠厭思減其日三十九章言教人之術莫善五者四十章言道大難追人能弘道四十一章言窮達卷舒屈伸異變四十二章言學尚虛己四十三章言賞僭及淫刑濫及士季文三思四十四章言君子布德各有所思四十五章言振裘持領正羅惟綱其餘三十九章趙氏分在

下卷各有敘焉○注盡心者至篇題○正義曰云人之有心爲精氣主思慮可否然後行之猶人法天者蓋以性之得於天心之生於性天莫之爲而所以命人者性也性則湛然自得所以爲主者心也則人之心爲精氣主思慮可否然後行由人法天也云天之執持維綱以正二十八舍者北辰也者二十八舍案一首天文志云東方角亢氐房心尾箕北方斗牛女虛危室壁西方奎婁胃昴畢觜參南方井鬼柳星張翼軫凡此四七之星分布四方是二十八舍也然所以正之者蓋在乎北辰論語曰北辰居其所而衆星拱之包注云北辰之不移而衆星拱之爾雅釋文云北極謂之北辰郭璞曰北極天之中以正四時然則極中也辰時也以其居天之中故曰北極以正四時故曰北辰又按漢書天文志云中宮太極星其一明者太乙之常居也旁三星三公環之匡衛十二星藩臣皆曰紫宮北斗七星所謂琁璣玉衡以齊七政斗爲帝車運於中央臨制四方分陰陽建四時均五行移節度定諸紀皆係於斗是衆星所拱也

孟子曰盡其心者知其性也知其性則知天矣

性有仁義禮智之端心以制之惟心爲正人能盡極其心以思行善則可謂知其性矣知其性則知天道之貴善者也

存其心養其性所以事天也能存其心養育其正性可謂仁人天道好生仁人亦好生天道無親惟仁是與行與天合故曰所以事天也殀壽不貳脩身以俟之所以立命也貳二也仁人之行一度而已雖見前人或殀或壽終無二心改易其道殀若顏淵壽若邵公皆歸之命脩正其身以待天命此所以立命之本【疏】孟子至命也○正義曰此章言盡心竭性足以承天殀壽禍福秉心不違立命之道惟是爲珍者也孟子曰盡其心者至所以立命也者孟子言人能盡極其心以思之者是能知其性也知其性則知天道矣知存其心養育其性此所以能承事其天者也以其天之賦性而性者人所以得於天也然而心者又生於性性則湛然自得而心者又得以主之也蓋仁義禮智根於心是性本固有而爲天所賦也盡惻隱羞惡恭敬是非之心則是知仁義禮智之性知吾性固有此者則知天實賦之者也如存此惻隱羞惡恭敬是非之心以長育仁義禮智之性是所以事天者也是性即天也故存心養性是爲事天矣又言人之於命雖有或殀或壽但操執其心而不仁○也既夭壽不二而修其身以待其在天者如何耳如是所以爲能立命之本也以其殀壽皆定於未形有分之初亦

此而不二也不可徼求之矣但脩其在我以待之是爲立命也如於殀壽而二其心以廢其所以脩其在我者則非所以立命者也商書云我生不有命在天是其意也**孟子曰莫非命也順受其正**莫無也人之終無非命也命有三名行善得善曰受命行善得惡曰遭命行惡得惡曰隨命惟順受命爲受其正也已**是故知命者不立乎巖墻之下盡其道而死者正命也**知命者欲趨於正故不立於巖牆之下恐壓覆也盡脩身之道以壽終者。得正命也**桎梏死者非正命也**畏壓溺死禮所不弔故曰非正命也已

【疏】孟子曰至非正命也○正義曰此章言人必趨命貴受其正巖牆之疑君子遠之也孟子曰莫非命至非正命也者孟子言人之死無非是命也然當順受其正盡道以生死也書云惠迪吉是其順受其正之旨也是故知命之君子不立身於巖牆危險之下以其能壓覆人也是以盡其脩身之道而死亡者乃爲受正命而死也陷於刑獄爲桎梏而死者非受正命而死也以其不能盡脩身之道而順受其命而死也桎足械也梏手械也今刑獄匣手足者也案孔子云人有三死而非命飲食不節勞逸過度

是病其殺之者也居下位而上誣其君嗜慾無厭是刑其殺之也以少犯衆以弱侮强是兵其殺之者也又云人有三死而不弔有畏而死者有壓而死者有溺而死者○注莫無也至正也○正義曰云命有三行善得善曰受命者如舜聞一善言見一善行沛然若決江河而莫之禦而終得升于帝而崩是也行善得惡曰遭命如淮南子伯牛有癩論語曰伯牛有疾孔子自牖執其手曰亡之命矣夫斯人也而有斯疾也斯人也而有斯疾也包曰伯牛有惡疾是也行惡得惡曰隨命如舜之四凶之類是也○注畏壓溺死所不弔○正義曰禮於檀弓云死而不弔者三畏壓溺鄭氏云謂輕身忘孝也畏人或時以非罪故已不能有以說之死之者孔子畏於匡是也壓行止危險之下是也溺不乘橋船是也荀子曰夏首之南有人曰涓蜀梁其爲人善畏明月而宵行俯見其影以爲伏鬼也仰視其髮以爲立魅背而走比至其家失氣而死是亦畏死者也又秦武王時大蛇從身出復入穴五女示之五子拔蛇壓殺五女是壓死者也尾生與女子期於梁下水至不去抱梁柱而死是溺死者也孟子之言其趣則一也

孟子曰求則得之舍則失之是求有益於得也求在我者也謂修仁行義事在於

我我求則得我舍則失故求有益於得也求之有道得之有命是求無益於得也求在外者也謂賢者脩其天爵而人爵從之故曰求之有道也脩天爵者或得或否故曰得之有命也爵祿須知已知已者在外非身所專是以云求無益於得也求在外者也【疏】孟子至者也○正義曰此章言爲仁由己富貴在天者也孟子言仁義禮智性之所有如就性而求之則得之舍而不求則亡是則仁義禮智求之有益於得者也是求之在我者也以其仁義禮智有生之初性固有者是爲在我者也是爲天爵也求之有道則脩其天爵而人爵從之故也既脩其天爵而人爵或有不得者是或得或否是得之有命也是則人爵求之無益於得也是求之在外者也以其人爵非身所專故爲在外者也如論語云求仁而得仁是求則得之之謂也易云舍爾靈龜凶是舍則失之之謂也詩云愷悌君子求福不回是求之有道者也荀子云君子能爲可用不能使人必用已是得之有命者也孟子所以言之以此

孟子曰萬物皆備於我矣反身而誠樂莫大焉物事也我身也普謂人爲成人已往皆備知天下萬物常有所行矣誠者實也

反自思其身所施行能皆實而無虛則樂莫大焉**強恕而行求仁莫近焉**當自強勉以忠恕之道求仁之術此最爲近也疏孟子至莫近焉○正義曰此章言每必以誠恕己而行樂在其中仁之至者也孟子言人之生也萬物皆備足於我矣但能反己思之以誠不爲物之喪己是有得於內矣有得於內則爲樂亦莫大焉以其外物爲樂則所樂在物不在於我故爲樂也小以內爲樂則所樂在己不在物其爲樂也大又言勉強以忠恕之道而行之以求仁之術爲最近故傳有云仁者必恕而後行是之謂也斯亦力行近乎仁之意歟

孟子曰行之而不著焉習矣而不察焉終身由之而不知其道者衆也人皆有仁義之心日自行之無所愛而不能著明其道以施於大事仁妻愛子亦以習矣而不能察知可推以爲善由用也終身用之以爲自然不究其道可成君子此衆庶之人也疏正義曰此章言人有仁端達之爲道凡人用之不知其爲實也孟子言仁義之道人皆有之然而行之而不著則其迹不能彰明習此仁義之道而不察則其理不能推明終身用而行之而不知其是爲道凡如此者非君子者也是則爲凡衆

者矣故孟子以此閔之

孟子曰人不可以無恥人不可以無所羞恥也論語曰行己有恥

無恥之恥無恥矣人能恥己之無所恥是爲改行從善之人終身無復有恥辱之累也

疏 正義曰此章言恥身無分獨無所恥斯必遠辱不爲憂矣孟子言人之不可無其羞恥也人能無恥而尚有羞恥是爲遷善遠罪之人終身無復有恥辱累之矣案禮云君子有五恥朝不坐燕不善君子恥之居其位無其言君子恥之有其言無其行君子恥之既得之又失之君子恥之地有餘而民不足君子恥之如此則人可以無恥乎此孟子所以有此言而救時之弊與

孟子曰恥之於人大矣爲機變之巧者無所用恥焉恥者爲不正之道正人之所恥爲也今造機變阱陷之巧以攻戰者非古之正道也取爲一切可勝敵之宜無以錯於廉恥之心

不恥不若人何若人有不恥不如古之聖人何有如賢人之名也

疏 正義曰此章言不慕大人何能有恥者也孟子言人之所以恥者以其爲不正之道也不正之道正宜羞恥而無爲之也是爲恥之於人爲大者也今之人乃造機變阱陷藏兵之巧以爲攻戰者

是爲不正之道也是無所用而恥之也如不恥不若古之聖賢何能有古聖賢之名也○注隰朋顔淵○正義曰凡於趙注有所要者雖於文段不録然於事未嘗敢棄之而不明今有以隰朋不及黄帝佐齊桓以有動顔淵慕虞舜仲尼歎庶幾也案杜預春秋傳云隰朋齊大夫也史記注云徐廣曰朋或作崩常愧恥不若黄帝之爲人後齊桓得之輔佐桓公四十一年卒顔淵慕虞舜案經云顔淵曰舜何人也予何人也有爲者亦若是孔子所以曰回也其庶乎屢空是其歎也趙注所以引而爲解文

孟子曰古之賢王好善而忘勢樂善而自卑若高宗得傅說而稟命古之賢士何獨不然樂其道而忘人之勢何獨不然何獨不者所樂有所忘也樂道守志若許由洗耳可謂忘人之勢矣故王公不致敬盡禮則不得亟見之見且由不得亟而況得而臣之乎亟數也若伯夷非其君不事伊尹樂道堯舜不致敬盡禮可數見之乎作者七人隱各有方豈可得而臣之者乎

【疏】孟子至之乎○正義曰此章言王公尊賢以貴下賤樂道忘勢不以富貴動其心者也孟

子曰至而況得而臣之者乎孟子曰古之賢者之君好人之善而忘己之勢古之爲賢士者亦然以其能樂己之樂而忘人之貴勢也如此故有王公大人不致其敬而盡其禮則不得數數見其賢者然而見之且猶尚以爲不可而況得臣之而卑下者乎○注高宗得傅說而稟命○正義曰案尚書說命篇云高宗夢得說使百工營求諸野得諸傅岩爰立作相王置諸其左右曰臣下罔有稟命孔安國傳云名說稟受也令命也○注經許由洗耳可謂忘人之勢正義曰案高士傳云許由潁川人也隱箕山堯聞之躬聘爲九州長由不赴遂洗耳於河巢父見之曰吾欲飲牛汚吾牛口於是牽牛上流飲之由大慙而隱是也○注亟數也至作者七人○正義曰云伯夷伊尹者此蓋本孟子之正文也已說之詳矣云作者七人者案論語之文也七人包注云凡七人長沮桀溺丈人石門荷蕢儀封人楚狂接輿是也王弼云七人伯夷叔齊虞仲夷逸朱張柳下惠少連是此七人者也

孟子謂宋句踐曰子好遊乎吾語子遊人知之亦囂囂人不知亦囂囂宋姓也句踐名也好以道德遊欲行其道者囂囂自得無欲之貌也曰何如斯可以囂囂矣句踐問何執守

可囂囂也曰尊德樂義則可以囂囂矣尊貴也孟子曰能貴德而履之樂義而行之則可以囂囂無欲矣故士窮不失義達不離道窮不失義故士得己焉達不離道故民不失望焉窮不失義不爲不義而苟得故得己之本性也達不離道思利民之道故民不失其望也古之人得志澤加於民不得志脩身見於世窮則獨善其身達則兼善天下古之人得志君國則德澤加於民人不得志謂賢者不遭遇也見立也獨治其身以立於世間不失其操也是故獨善其身達謂得行其道故能兼善天下也

疏孟子至天下○正義曰此章言内定常滿囂囂無憂可出可處故云以士脩身立世賤不失道達善天下乃用其寶句踐好遊未得其要孟子言之然後乃喻者也孟子謂宋句踐曰至囂囂宋句踐宋人姓宋名句踐孟子謂句踐曰子好逸遊乎我今語以教子之遊也言人之知己亦但囂囂然自得人不知己亦但囂囂然而自得曰何如斯可以囂囂矣句踐問之曰當何如此可以囂囂然自得矣

曰尊德樂義至達則兼善天下孟子又與之曰尊貴其德所樂以義以此則可以囂囂自得矣蓋德有所得於內義有所不爲於外既所貴在德而盡性於內所樂在義而窮理於外是以樂天知命故人知不知斯囂囂然自得矣如此故士窮而在下則不失義而不爲苟得達而在上則不離道而常思利民窮不失義而不爲苟得故得己之本性達不離道而常思利民故民不失其所望是以古之人得志遭遇其時則布恩澤而加被於民不得志則脩治其身以立於世間是其窮則獨善身達則得行其道而兼善天下也言古之人以是者如顏子之徒窮而不得志則不改其樂而獨善其身伊尹之徒得志而澤加於民也

孟子曰待文王而後興者凡民也若夫豪傑之士雖無文王猶興凡民無自知者也故由文王之大乃能自興起以趨善道若夫豪傑之才知千萬於凡人者雖不遭文王猶能自起以善守其身正其行不陷溺也

【疏】正義曰此章言小人待化乃不邪僻君子特立不爲俗移故稱豪傑自興者也孟子言必待文王之化而乃能興起以從善道者凡民也以其無自知者也若夫才有過於千萬人之豪傑者雖不遭遇文王之化猶能自興起以從善而正立其身也已

孟子曰：附之以韓魏之家，如其自視欿然，則過人遠矣。附益也。韓魏，晉六卿之富者也。言人既自有家，復益以韓魏百乘之家，其富貴已美矣，而其人欿然不足，自知仁義之道不足也，此則過人甚遠矣。疏正義曰：此章言人情富盛莫不驕亢，有若欿然謂不如人，非但免過，卓絕乎凡也。孟子言人自有富，復附益以韓魏晉六卿百乘之家，富而貴之，如其自視已於仁義之道欿然不足，則超絕有過乎衆人遠矣。○注「韓魏晉六卿百乘之家」。正義曰：已說於《梁惠》首篇。

孟子曰：以佚道使民，雖勞不怨；謂教民趨農，役有常時，不使失業，當其雖勞，後獲其利則佚矣。若亟其乘屋之類也，故曰不怨。以生道殺民，雖死不怨殺者。謂殺大辟之罪者，以坐殺人故也。殺此罪人者，其意欲生民也，故雖伏罪而死，不怨殺者。疏「孟子」至「殺者」。○正義曰：此章言勞人欲以佚之，殺人欲以生之，則民不怨者也。孟子言國君如使民趨於農耕，是以佚道使民，是農耕時雖爲勞，然後有所獲稼，則又有以佚樂矣，如是則何怨恨其勞乎？故曰以佚道使民，雖勞不怨。又言國君殺戮其罪人者，以其恐有害於民，故殺之，而意有在於欲生其民也是則罪人被殺雖死且不怨恨殺者也故曰以生道殺民雖死不怨殺者○注若亟其乘屋之類○正義曰已於滕文公說之矣○注大辟之罪○正義曰孔云大辟之罪死刑也前已說

孟子曰霸者之民驩虞如也王者之民皡皡如也殺之而不怨利之而不庸民日遷善而不知爲之者霸者行善恤民恩澤暴見易知故民驩虞樂之也王者道大法天浩浩而德難見也殺之不怨故曰殺之而不怨庸功也利之使趨時而農六畜繁息無凍餓之老而民不知獨是王者之功修其庠序之教又使日遷善亦不能覺知誰爲之者言化遷善爲之大道者也夫君子所過者化所存者神上下與天地同流豈曰小補之哉君子通於聖人聖人如天過此世能化之存在此國其化如神故言與天地同流也天地化物歲成其功豈曰使人知其小補益之者哉

疏孟子至之哉○正義曰此章言王政皡皡與天地同流霸者德小民人速覩是以賢者志其大者也孟子曰至小補之哉者孟子言霸者行善政以及民以其恩澤暴見故民

驩虞而樂也王者道大故若天浩浩而難知難見者也故民皞皞然自得而已矣是以王者之民殺之而不怨以其生道殺之故也利而不知爲王者之功以其佚道使之故也自迹觀之則君子過之而不守拘其一自妙道觀之則其所感而遂。天下之故者未嘗不有存焉故曰君子所過者化所存者神今夫天地之化者始乎春而終乎冬而萬物皆得以移易者也天地之神者始乎震而終乎艮而陰陽不可測之者是也然則王者之於民所過者以化所存者以神宜其與天地上下同流而無間也則是天地之化以神而存之豈曰使萬物知其有小補益哉王者之化亦存以神又豈曰使民知其有小補益之哉如此故王者之民所以皞皞如也蓋虞之爲樂必待虞度無患然後爲驩則其樂淺皞皞如也以其使民舒通太平自得而已故於驩虞又有以問矣此孟子所以抑區區之爲而尊崇其王者也

孟子曰仁言不如仁聲之入人深也仁言政教法度之言也仁聲樂聲雅頌也仁言之政雖明不如雅頌感人心之深也善政不如善教之得民也善政使民不違上善教使民尚仁義心易得也善政民畏之善教民愛之善政得

民財善教得民心畏之不逋怠故賦役舉而財聚於一家也愛之樂風化而上下親故歡心可得也

疏孟子至民心○正義曰此章言明法審令民趨君命崇寬務化民愛君德故曰移風風易俗莫善於樂者也孟子曰至善教得民心孟子言仁言爲政教法度之言不若仁聲樂聲雅頌感人心之深也善政使民不違上又不若善教得民之易也以其善政出於法度之粗有刑威以行之故民有以畏之善教本人之德性有仁恩以懷之故民有以愛之亦以善政有九職繫萬民有九兩以繫萬民九職任萬民故一曰三農以平地山澤生黍稷禾稻麻大小豆大小麥之九穀二曰園圃以育草木三曰虞衡作山澤之材四曰藪牧養蕃鳥獸五曰百工飭化八材八材鄭司農云珠象玉石金木革羽是也六曰商賈阜通貨賄七曰嬪婦化治絲枲鄭玄云金玉曰貨布帛曰賄嬪婦人之美稱也八曰臣妾聚斂疏財九曰閒民無常職轉移執事鄭玄云疏材百草根實可食者九兩繫萬民一曰牧以地得民二曰長以貴得民三曰師以賢得民四曰儒以道得民五曰宗以族得民六曰王以利得民七曰吏以治得民八曰友以任得民九曰藪以富得民凡此善政爲民財而已善教因民心以教之故能得民心矣此所以爲仁言不如仁聲之入人深也善政不如善教

之得民然而善政非不能得民但得民財而已又不若善教得民之心矣○蓋移風易俗莫大乎樂此禮之文然也孟子所以同其趨焉

孟子曰人之所不學而能者其良能也所不慮而知者其良知也不學而能性所自能良甚也是人之所能甚也知亦猶是能也孩提之童無不知愛其親者及其長也無不知敬其兄也孩提二三歲之間在襁褓知孩笑可提抱者也少知愛親長知敬兄此所謂良能良知也親親仁也敬長義也無他達之天下也人仁義之心少而皆有之欲爲善者無他達通也但通此親親敬長之心施之天下人也

疏孟子至天下也○正義曰此章言本性良能仁義是也達之天下恕乎己者也孟子曰人之所不學而至達之天下也者孟子言人之所以不學而性自能是謂良能者也所以不待思慮而自然知者是謂良知者也孩提襁褓之童子無有不知愛其父母及其長大無不知欽順其兄是則厚愛其親欽順其兄是仁義也仁義即良知良能者也言人之爲善者無更於他求也但通達此親

親敬長之良能良知施之於天下耳注襁褓者正義曰釋云襁褓負也負兒衣也織縷爲之廣八寸長二尺以負兒於背上者也是亦知孩提爲二三歲

孟子曰舜之居深山之中與木石居與鹿豕遊其所以異於深山之野人者幾希舜耕歷山之時居木石間鹿豕近人若與人遊也希遠也當此之時舜與野人相去豈遠及其聞一善言見一善行若決江河沛然莫之能禦也舜雖外與野人同其居處聞人一善言則從之見人一善行則識之沛然不疑若江河之流無能禦止其所欲行也

疏孟子至禦也○正義曰此章言聖人潛隱若神龍亦能飛天亦能潛藏同舜之謂也孟子言虞舜初起於歷山耕時居於木石之間以其近木石故也與鹿豕遊以其鹿與豕近於人也然而舜於此其所以有異於深山之野人不遠但能及其聞一善言見一善行其從之若決江河之水沛然其勢莫之能禦止之也○注聖人潛隱若神龍者○正義曰此蓋周易乾卦之文也趙注引之以解其經

孟子曰無爲其所不爲無欲其所

不欲如此而已矣無使人爲己所不欲爲者無使人欲己之所不欲者每以身先之如此則人道足也〔疏〕正義曰此章言己所不欲勿施於人仲尼之道也孟子言人無爲其所不爲以其所不爲者不義也無欲其所不欲者以其不欲爲不善也人能無爲不義又不欲其所不善則人道於是足矣故曰如此也

孟子曰人之有德慧術知者恒存乎疢疾人所以有德行智慧道術才知者以其在於有疢疾之人疢疾之人又力學故能成德獨孤臣孽子其操心也危其慮患也深故達此即人之疢疾也自以孤微懼於危殆之患而深慮之勉爲仁義故至於達也〔疏〕孟子至故達○正義曰此章言孤孽自危故能顯達膏粱自正多用沉溺是故在上不驕以戒諸侯也孟子言人之所以有德慧術知者常在於疢疾之人也疢疾人之有小疾常露在身不去者是爲疢疾也如孤臣孽子其操心也常危其慮患也常深是若疢疾也此孟子所以執此喻以自解也言孤臣不得於其君者也孽子不得於其親者也不得於其君與不得於其親者故能秉心常危慮患常深以勉力於爲道德故能顯達也操心常危慮患

常深是人之疢疾常需在身而不去也是孟子所以爲疢疾之人有德慧術智也然而非謂德慧術智必繫乎有疢疾者但常存乎疢疾之人而已蓋有得於己謂之德通而行之謂之術然德又以慧通術又以智通之者以其德以慧明術以智釋耳是則所謂智慮生於憂患豈非德慧術智存於疢疾之意有同歟此孟子所以有是言之而戒當時之人者也

孟子曰有事君人者事是君則爲容悦者也事君求君之意爲苟容以悦君者也有安社稷臣者以安社稷爲悦者也忠臣志在安社稷而後爲悦者也有天民者達可行於天下而後行之者也天民知道者也可行而行可止而止有大人者正己而物正者也大人大丈夫不爲利害動移者也正己物正象天不言而萬物化成也

〔疏〕孟子至者也○正義曰此章言容悦凡臣社稷股肱天民行道大人正身凡四科優劣之差者也孟子曰有事君人者事是君則爲容悦者也孟子言有人事其君以求君之意者是爲苟容以悦君者也有安社稷臣者以安社稷爲悦者也孟子又言有

忠臣爲安社稷臣者也在於安社稷而後爲悅者也有天民者達可行於天下而後行之者也言天民爲之先覺者志在於行道然而既達而在位可以行其道於天下然後乃行之也以其若窮而在下未可行其道則亦止而不行矣是其窮達一歸於天而已有大人者正己而物正者也言有大丈夫不爲利害之所移動是則自正治其己而物後自取正於我也凡此是其四科優劣差等也

孟子曰：君子有三樂，而王天下不與存焉。父母俱存，兄弟無故，一樂也；仰不愧於天，俯不怍於人，二樂也；得天下英才而教育之，三樂也。天下之樂不得與此三樂之中兄弟無故無他故不愧天又不怍人心正無邪也育養也教養英才成之以道皆樂也君子有三樂而王天下不與存焉。君子重言是美之也

〔疏〕孟子曰至存焉○正義曰：此章言保親之養，兄弟無他，誠不愧天，育養英才，吾人能之，樂過萬乘。孟子重焉，一章再云者也。孟子曰君子有三樂而王天下不與存焉至存焉者，孟子言君子有三樂，而爲王天下者不得與於

其間父母皆在兄弟無有他故者以其無嫌隙之事也此乃一樂也存誠於己而仰無以有羞愧於天俯無以有慚怍於人此乃二樂也己之有德又得天下英才大賢而推己以教而養育之此乃三樂也三樂如此故孟子又重言之然君子有三樂而王天下不與存焉以其有天下之樂不若此三樂矣故重言之而美此三樂也是以舜得天下而無足解憂楊子云紆朱懷金之樂不如顏氏子之樂是亦與此同意也

孟子曰廣土衆民君子欲之所樂不存焉中天下而立定四海之民君子樂之所性不存焉廣土衆民大國諸侯也所樂不存欲行禮也中天下而立謂王者所性不存乃所謂性於仁義者也君子所性雖大行不加焉雖窮居不損焉分定故也大行行之於天下窮居不失性也分定故不變君子所性仁義禮智根於心其生色也睟然見於面盎於背施於四體四體不言而喻四者根生於心色見於面睟然潤澤

之貌也盎視其背而可知其背盎盎然盛流於四體四體有匡國之綱雖口不言人自曉喻而知也

【疏】孟子曰至而喻○正義曰此章言臨涖天下君國子民君子之樂尚不與存仁義內外。充身體履方四體不言蟠辟用張心邪意溺進退無容於是之際知其所不同也孟子曰廣土衆民至不言而喻孟子言廣土地之大衆民人之多以爲大國之諸侯君子者心欲好之然其所樂不在此也中天下之中而立以安四海之民是爲之王君子者雖樂於此然而稟天性不在此焉蓋君子欲廣土衆民以其足以行道於一國故也然其所樂又在於定四海之民而未樂於此一國而已雖樂在於中天下而立定四海之民得以行道於天下奈何所性不在此焉是所性者特在仁義禮智耳故言於下文是也是則君子所稟天之性雖大而行道於天下且不能加益其性雖窮居在下且不能損減其性以其所生之初受之於天有其分定故也故君子所性是仁義禮智四者根生於心顯而形諸德容其生於色則睟然潤澤見於面又有輝光乎其前盎盎然見於背又有充實乎其後而旁溢流通乎左右上下四體則一動靜一行止固雖不言而人以曉喻而知其所存是其不言仁而喻其能仁不言義而喻其能義以至禮也智也亦若是矣此所以故云四體不言而喻荀子云君子之學入乎

耳著乎心布乎四體形乎動靜

又曰君子至德默然而喻同意

孟子注疏解經卷第十三上

大清嘉慶二十年重
用文選樓藏本校

南昌縣知縣陳煦栞

孟子注疏卷十三上挍勘記　阮元撰盧宣旬摘錄

凡四十五章　閩監毛三本同音義宋本五作七案章指當爲四十七章作四十五者僞疏改疏以王子宫室章并入上章又失數莫非命也一章故爲四十五章也

爲精氣王　宋本王作生孔本韓本閩監毛三本作主

天之執持綱維　閩監毛三本同孔本韓本考文古本綱維作維綱

而衆星拱之　閩監毛三本同宋本孔本韓本考文古本拱作共音義出共之云亦作拱

苟存其心　宋本苟作曰

故以盡心爲篇題　閩監毛三本同孔本韓本考文古本爲篇題作題篇

言容悅凡言　補監毛本下言字作臣是也

案一首天文志云　補監毛本一首作五行不誤

故曰所以事天也　閩監毛三本同宋本岳本孔本韓本考文古本無也字

此所以立命之本　閩監毛三本同廖本孔本韓本考文古本下有也字

章指言盡心竭性足以承天殀壽禍福秉心不違立命之道惟是爲珍

但操存其心而不仁也　案仁爲二譌

爲受其正也已　閩監毛三本同岳本廖本孔本韓本考文古本無已字

得正命也　閩監毛三本同廖本孔本韓本考文古本上有爲字足利本爲作無案作無非也

畏壓溺死　閩監毛三本同廖本孔本韓本考文古本無死字案無者非

故曰非正命也已　閩監毛三本同廖本孔本韓本考文古本無已字

章指言人必趨命貴受其正巖牆之疑君子遠之

注畏壓溺死所不弔 閩監毛三本所上有禮字

章指言爲仁由己富貴在天故孔子曰如不可求從吾所好

常有所行矣 宋本廖本閩本孔本韓本考文古本足利本同監毛二本常誤當

强恕而行 廖本孔本韓本同閩監毛三本强作彊注同

當自强勉 岳本及各本同宋本作勉强

此最爲近也 閩監毛三本同宋本岳本廖本孔本韓本考文古本無也字

章指言每必以誠恕己而行樂在其中仁之至也

無所愛 閩監毛三本同廖本孔本韓本考文古本作於其所愛

可推以爲善 閩監毛三本同廖本孔本韓本考文古本下有也字

章指言人有仁端達之爲道凡夫用之不知其爲寶考文古本誤寶也

論語曰各本同考文古本作論曰○按趙注多作論

章指言恥身無分獨無所恥斯必遠辱不爲憂矣

無復有恥辱累之矣之字墨丁閩監毛三本如此

今造機變阱陷之巧閩監毛三本同廖本孔本韓本阱作穽

取爲一切可勝敵之閩監毛三本同廖本孔本韓本考文古本之作也

廉恥之心閩監毛三本同廖本孔本韓本考文古本下有也字

不恥不如古之聖人何有如賢人之名也廖本孔本韓本考文古本同注意謂取法乎上乃得乎中也閩監毛三本聖人賢人並作聖賢

章指言不慕大人何能有恥是以隰朋愧不及黃帝佐桓公孔本韓本考文引古本桓公作齊桓以有勳顏淵慕虞舜孔子孔本韓本考文引古本孔子作仲尼歎庶幾之云考文古本歎下有而字

正宜羞恥而無爲之也正字墨丁閩監毛三本如此

何能有古聖賢之名也也字墨丁閩監毛三本如此

後齊桓得之輔佐輔字墨丁閩監毛三本如此

何獨不者所樂有所忘也補監毛本者作有是也

見且由不得亟宋九經本宋本岳本咸淳衢州本孔本韓本同閩監毛三本由作猶

伊尹樂道堯舜閩監毛三本同廖本孔本韓本考文古本作伊尹樂堯舜之道

豈可得而臣之者乎閩監毛三本同廖本孔本韓本考文古本無者乎二字

章指言王公尊賢以貴下賤之義也樂道忘勢不以富貴動心之分也各崇所尚則義不虧矣

以其能樂已之樂　能樂二字墨丁閩監毛三本如此

故有王公大人　王字墨丁閩監毛三本如此

自得無欲之貌也　閩監毛三本同廖本孔本韓本考文古本無也字

章指言內定常滿囂囂無憂可出可處故云以遊修身立世賤不失道達善天下乃用其實句踐好遊未得其要孟子言之然後乃喻

孟子至天下　閩監二本同毛本天上有兼善二字

故云以士　士字墨丁閩監毛三本如此案此章指文也士當作遊與憂韻

窮則獨善身　閩監毛三本身上有其字

無自知者也　閩監毛三本足利本同宋本孔本韓本考文古本自作異

故由文王之大　廖本孔本韓本考文古本作故須文王之大化閩監毛三本作故由文王之化

若夫豪傑之才知　閩監毛三本同廖本孔本韓本考文古本無之字

以善守其身正其行　閩監毛三本同宋本岳本孔本韓本考文古本無二其字

章指言小人待化乃不辟邪　孔本韓本二字倒　君子特立不爲俗移故稱豪傑自興也

章指言人情　韓本作恃　富盛莫不驕矜若能斂然謂不如人非但免過卓絕乎凡也

當其雖勞　閩監毛三本同岳本孔本韓本考文古本其作時是也

以坐殺人故也 廖本孔本韓本考文古本同閩監毛三本坐誤生

章指言勞人欲以佚之殺人欲以生之則民無怨讟也

殺之不怨故曰殺之而不怨 閩監毛三本同宋本岳本下之作人廖本考文古本下之作人下有也字孔本韓本作殺非不教故殺之不怨也

又使日遷善 閩監毛三本同孔本韓本考文古本無又字

言化遷善爲之大道者也 閩監毛三本同廖本孔本韓本考文古本作言化大也

豈曰使人知其小補益之者哉 閩監毛三本同廖本孔本韓本考文古本作豈曰使成人知其小補益也

章指言王政浩浩 孔本韓本作皥皥 與天地同道霸者德小民人速覩是以賢者志其大者也

而遂天下之故者 閩監毛三本遂下有通字是

章指言明法審令民趨君命崇寬務化民愛君德故曰移風易俗莫善於樂

有九職繫萬民 補監毛本繫作任

無不知愛其親者 按者字古本皆同注䟽本亦不誤今書塾朱子集注本者作也不可不正

施之天下人也 閩監毛三本同廖本考文古本也作而已二字孔本韓本與廖本同施作推

章指言本性良能仁義是也達之天下恕乎已也

人之所不學而至達之天下也者 閩監毛三本而下有能字

居木石間 閩監毛三本同孔本韓本考文古本間上有之字

相去豈遠 閩監毛三本同廖本孔本韓本考文古本下有哉字

聞人一善言　各本同孔本無人字下見人同

若江河之流　各本同孔本上有辟字案此采音義也音義出辟若云下辟若同下辟若當指章指辟若神龍言故知此文上舊有辟字浦挍同

其所欲行也　閩監毛三本同廖本孔本韓本考文古本無也字

章指言聖人潛隱辟若神龍亦能飛天亦能小同舜之謂也

每以身先之　閩監毛三本同廖本孔本韓本考文古本先作況

章指言己所不欲勿施於人仲尼之道也

以其在於有疢疾之人　閩監毛三本同廖本孔本韓本考文古本無以其二字

章指言孤孽自危故能顯達膏粱難正多用沈溺是故在

上不驕以戒諸侯也

膏粱自正　補案自字當從章指作難

以悅君者也　閩監毛三本同廖本孔本韓本考文古本者也作而已

而後爲悅者也　閩監毛三本同廖本孔本韓本考文古本作而後悅也

章指言容悅凡臣社稷股肱天民行道大人正身凡此四科優劣之差

君子重言孟　閩監毛三本同宋本孔本韓本考文古本君作

章指言保親之養兄弟無他誠不愧天育養英才賢人能之樂過萬乘孟子重焉一章再云也

此章言保親之養　此字墨丁閩監毛三本如此

吾人能之　吾字墨丁閩本同監本如此毛本作賢

以其無嫌隙之事也　嫌隙二字墨丁閩本同監毛二本如此

而仰無以有羞愧於天俯無以有慚怍於人　仰無至天俯九字墨丁閩本同監毛二本如此

己之有德又得天下英才大賢　德又二字墨丁閩本同監毛二本如此

欲行禮也　閩監毛三本同廖本孔本韓本考文古本欲作樂

乃所謂性於仁義者也　閩監毛三本同宋本孔本韓本考文古本作謂性仁義也廖本無於字

行之於天下　閩監毛三本同宋本孔本韓本考文古本之作政

人自曉喻而知也　閩監毛三本同宋本岳本孔本韓本考文古本自作以知下有之字廖本亦有

之字足利本無

章指言臨莅孔本韓本莅作涖天下君國子民君子之樂尚不與存仁義内充身體履方四支不言蟠辟用張心邪意溺進退無容於是之際知其不同也

仁義内外充監毛本同案章指無外字

君國子民君字墨丁閩監毛三本如此

君子之學入乎耳著乎心布乎四體形乎動靜又曰君子至德默然而喻同意耳著以下十行本有脫頁閩本亦闕監本毛本如此

孟子注疏卷十三上校勘記　奉新趙儀吉挍

孟子注疏解經卷第十三下

盡心章句上　趙氏注　孫奭疏

孟子曰：伯夷辟紂，居北海之濵，聞文王作興，曰：盍歸乎來！吾聞西伯善養老者。太公辟紂，居東海之濵，聞文王作興，曰：盍歸乎來！吾聞西伯善養老者。已說於上篇。天下有善養老，則仁人以爲己歸矣。天下有能若文王者，仁人呼復歸之矣。五畝之宅，樹牆下以桑，匹婦蠶之，則老者足以衣帛矣。五母雞，二母彘，無失其時，老者足以無失肉矣。百畝之田，匹夫耕之，八口之家足以無飢矣。五雞二彘，八口之家畜之，足以爲畜産之本也。所謂西伯善養老者制其田里教之樹畜導其妻子使養其老五十非帛不煖七十非肉不飽不煖不飽謂之凍餒文王之民無凍餒之老者此之謂也所謂無凍餒者教導之使可以養老者耳非家賜而人益之也

疏孟子至此之謂也○正義曰此章言○王政普大教其常業各養其老使不餒之二老聞之歸身自己所謂衆鳥不羅翔鳳來集之類者也孟子曰伯夷辟紂至此之謂也已說於上篇矣此以大同小異更不復說焉然其類亦孔子所云刳胎殺夭則麒麟不至覆巢毀卵則鳳凰不翔此亦類也

孟子曰易其田疇薄其稅斂民可使富也食之以時用之以禮財不可勝用也易治也疇一井也○庶民治其田疇薄其稅斂不踰什一則民富矣食取其征賦以時用之以常禮不踰禮以費財也故畜積有餘財不可勝用也

民非水火不生活昏暮叩人之門戶求水

火無弗與者至足矣聖人治天下使有菽粟如水火菽粟如水火而民焉有不仁者乎水火能生人有不愛者至饒足故也菽粟饒多若是民皆輕施於人而何有不仁者也

〔疏〕孟子至者乎○正義曰此章言教民之道富而節用蓄積有餘焉有不仁故曰倉廩實知禮節也孟子曰易其田疇至不可勝用也孟子言如使在下者易治其田疇而不難耕作則地無遺其利又在上者又薄其賦斂而無橫賦則民皆可令其富足也又食之以時而其用不屈用之以禮而其欲不窮則財用有餘而不可勝用也民非水火不生活至焉有不仁者乎孟子又言人民非得其水火則不能生活然而昏暮之時有敲人之門戶而求之水火無不與之者以其水火至多矣聖人如能治其天下使民有其菽粟亦如水火之多則民人孰不以有餘而補其不足而爲仁者乎故曰菽粟如水火而民焉有不仁者乎此所謂倉廩實而知禮節者也○注疇一井也○正義曰說文云爲耕治之田也不知一井何據

孟子曰孔子登東山而小魯登太山而小天下故觀於海者難

爲水遊於聖人之門者難爲言所覽大者意大觀小者志小也觀水有術必觀其瀾瀾水中大波也日月有明容光必照焉容光小郤也言大明照幽微也流水之爲物也不盈科不行君子之志於道也不成章不達盈滿也科坎也流水滿坎乃行以喻君子之學必至成章乃仕進者也

疏孟子至不達○正義曰：此章言弘也明者無不照，包聖道者成其仁也。孟子曰孔子登東山至難爲言者，孟子言孔子登魯國之東山而所覽者大，故小其魯國，以魯國莫大於東山也；登太山而能小其天下，亦所覽者大，而天下亦莫大也於大山也。如此，故觀之於海者難爲水也，以其水所同歸於海者也，是以海爲百谷王。遊聖人之門者難爲言，以其道之所同出，又同歸於此者也。楊子云：視日月而知衆星之蔑，仰天庭而知天下之居卑，亦與此同意。觀水有術必觀其瀾者，孟子又言人之觀於水以其有術也，有術者，所謂觀水必觀其波瀾，是爲能觀水者也。云此者，以其人之觀書亦若是也，言觀書亦當觀其五經而已矣，五經所以載聖人之大道者也。日月有明容光必照焉者又言日月之有明凡於幾隙但有容其光者則必照之亦若道之在天下無往而不在也流水之爲物也不盈科不行至不成章不達者又言流水爲物所流遇於科坎不盈滿其科坎則不流進而行也如君子之學志在於道也不成章則不達而進仕以其君子於道至於成章則充實美在其中暢於四支發於事業爲美之至者也此孟子所以有水爲之喩焉

孟子曰雞鳴而起孳孳爲善者舜之徒也雞鳴而起孳孳爲利者跖之徒也欲知舜與跖之分無他利與善之間也跖盜跖也跖舜之分故以此別之也

疏正義曰此章言好善從舜好利從跖明明求之常若不足君子小人各一趣也孟子曰至間也者孟子言人之雞鳴而起孳孳勤篤於爲善者乃爲舜之徒黨也如雞鳴而起孳孳但勤篤於爲利者乃爲盜跖之徒也儻言欲知舜與盜跖爲君子小人之分別無他事焉特一趣於利一趣於善之間而已○注盜跖○正義曰案李奇漢書傳云盜跖乃是秦之大盜也

孟子曰楊子取爲我拔一毛而利天下不爲也楊子

楊朱雖爲我爲己也拔己一毛以利天下之民不肯爲也墨子兼愛摩頂放踵利天下爲之墨子墨翟也兼愛他人摩突其頂下至於踵以利天下己樂爲之也子莫執中子莫魯之賢人也其性中和專一者也執中爲近之執中無權猶執一也執中和近聖人之道然不權聖人之重權執中而不知權猶執一介之人不知時變也所惡執一者爲其賊道也舉一而廢百也所以惡執一者爲其不知權以一知而廢百道也

【疏】孟子至百也○正義曰此章楊墨放蕩子莫執一聖人量時不取此術孔子行止唯義所在者也孟子曰楊子取爲我拔一毛而利天下不爲也至爲之孟子謂楊朱所取以爲己雖拔己之一毛以利天下且不爲也墨翟兼愛他人雖摩突其頂而至於踵而利天下且以爲之子莫執一子莫魯賢人言子莫執中和之性而不專一者也以其無爲已兼愛之過而已故曰執中爲近之言子莫執中爲近聖人之道者也如執中而不知權變但若執一介之人不知時變者也然而所以惡疾其執一者是爲其有以賊害其道也是若知舉一道而廢其百道也故曰執中無權

猶執一也所惡執一者爲其賊道舉一而廢其百也孟子曰飢者甘食渴者甘飲是未得飲食之正也飢渴害之也飢渴害其本所以知味之性令人強甘之豈惟口腹有飢渴之害人心亦皆有害爲利欲所害亦猶飢渴得之人能無以飢渴之害爲心害則不及人不爲憂矣人能守正不爲邪利所害雖謂富貴之事不及逺人猶爲君子不爲善人所憂患也

疏孟子至憂矣○正義曰此章言飢不妄食忍情節欲賤不失道不爲苟求能無心害夫將何憂者也孟子曰飢者甘食至不爲憂矣孟子言人之飢餓則易爲食故以甘之渴者易爲飲故以甘之然而不得飲食味之正者也以其但爲飢渴害其本性耳豈獨飲食於口腹爲有飢渴以害之言人心亦皆有以害之也以其利慾害之故也人能無以飢渴之害爲心之害則所養不及於人亦不足爲可憂矣蓋無以飢渴爲心害則孟子以飢渴之害亦猶利欲之害故假託而言之也

孟子曰柳下惠不以三公易其介介大也柳下惠執弘

大之志不耻汚君不以三公榮位易其大量也疏正義曰此章言柳下惠不恭用志大也無可無否以貴爲賤者也孟子言柳下惠不以三公之榮位而移易已之大志也以其所守之介在道而已是所以不羞小官者焉今夫三公者乃百僚之師帥也人臣之位極者也衣則服袞圭則執桓圭而世之所謂富貴崇顯者無以過也

孟子曰有爲者辟若掘井掘井九軔而不及泉猶爲棄井也有爲爲仁義也軔八尺也雖深而不及泉喻有爲者能於中道而盡棄前行者也疏正義曰此章言爲仁由已必在究之九軔而輟無益成功者也孟子曰今之有爲之道者譬如掘井者也掘井至九軔之深而不及泉則止之是棄其前掘井之功者也喻爲仁義之道而不及之則止而不爲是亦棄其仁義之道者也孔子曰爲山未成一簣止吾止也與此同意○注軔八尺也○正義曰案釋云七尺曰軔

孟子曰堯舜性之也湯武身之也五霸假之也性之性好仁自然也身之體之行仁視之若身也假之假仁以正諸侯也久假而不歸惡知其非有也五霸而能久假仁義

譬如假物久而不歸安知其不真有也

疏孟子至非有也。正義曰此章言仁在性體而行仁本性之自然者也湯武利而行仁視之若身也五霸强而行仁則力假之而已然而久假而行之而不歸止安知其非真有也楊子曰假儒衣書服而讀之三月不歸孰曰非儒也亦同其旨

公孫丑曰伊尹曰予不狎于不順放太甲于桐民大悅太甲賢又反之民大悅賢者之爲人臣也其君不賢則固可放與丑怪伊尹賢者而放其君何也**孟子曰有伊尹之志則可無伊尹之志則簒也**人臣秉忠志若伊尹欲寧殷國則可放惡而不即立君宿留冀改而復之如無伊尹之忠見問乘利簒心乃生何可放也

疏公孫至簒也。正義曰此章言憂國忘家意在出身志在寧君放惡攝政伊周有焉凡人志異則生簒心也公孫丑問孟子謂伊尹有言我不適于順已者故放太甲于桐宮而民心大悅及太甲悔改其過而歸賢則伊尹又迎而反之以復君位商民大悅且賢者之爲人臣也其君有不賢者則固可以放之與孟子對曰

如賢者有伊尹愛君之志則可以放君如無伊尹秉忠心以愛君則放君而生篡奪君位之心者也以爲不可矣公孫丑曰詩曰不素餐兮君子之不耕而食何也詩魏國伐檀之篇也無功而食。則謂之素餐世之君子有不耕而食。何也孟子曰君子居是國也其君用之則安富尊榮其子弟從之則孝悌忠信不素餐兮孰大於是君子能使人化其道德移其習俗身安國富而保其尊榮子弟孝悌而樂忠信不素餐之功誰大於是何爲不可以食祿

疏公孫丑至於是○正義曰此章言君子正己以立於世世美其道君臣是貴所過者化又何素餐之謂也公孫丑問孟子曰魏國伐檀之詩有云不素餐兮言無功而食謂之素餐然而君子有不自耕而食祿者是如之何孟子對之曰君子居處此國其君任用之則安富尊榮言安國保其尊榮子弟從之則能孝悌忠信是則不素餐兮誰有大於此者言何爲而不可食祿○注魏國伐檀之篇○正義曰此詩蓋刺在位貪鄙無功而受祿君子不得進仕爾

王子墊問曰士何事齊王

子名墊也問士當何事爲事者耶

孟子曰尚志尚貴也士當貴上於用志也曰何謂尚志曰仁義而已矣殺一無罪非仁也非其有而取之非義也居惡在仁是也路惡在義是也居仁由義大人之事備矣孟子言志之所尚仁義而巳矣不殺無罪不取非有者爲仁義欲知其所當居者仁爲士所由者義爲貴大人之事備矣

疏王子至備矣○正義曰此章言人當尚志於善也善之所由仁與義也欲使王子無過差者也王子墊問曰士何事者王子墊齊王之子名墊也問孟子曰爲士者當以何事爲尚也孟子曰尚志孟子荅之曰爲士者當以志爲尚也曰何謂尚志王子又問孟子何以謂之尚志曰仁義而巳矣至大人之事備矣孟子又荅之曰尚志則以仁義而巳矣言能以仁義爲尚則爲尚志也如殺一人之無罪是爲非仁也非己之所有而取求之是爲非義也如此非仁非義者亦以所居有惡疾在於仁所行有惡疾在於義是也如仁以爲居義以爲行則大人之事亦備矣此孟子所以欲使王子墊於無過之地也

孟子曰仲

子不義與之齊國而弗受人皆信之是舍簞食豆羹之義也仲子陳仲子處於陵者人以爲廉謂以不義而與之齊國必不受之孟子以爲仲子之義若上章所道簞食豆羹無禮則不受萬鍾則不辨禮義而受之也人莫大焉亡親戚君臣上下以其小者信其大者奚可哉人當以禮義爲正陳仲子避兄離母不知仁義親戚上下之敘何可以其小廉信以爲大哉

疏孟子曰至奚可哉正義曰此章言事有輕重行有大小以大包小可也以小信大未之聞者也孟子言陳仲子以不義雖與之齊國之大而且不受國人皆信之以爲廉是爲舍簞食豆羹之小義也人之所尚當以莫大爲尚焉者是其知以親戚君臣上下之敘者也今陳仲子避兄離母處於陵而不仕是棄親戚君臣上下之大分而徒取其辭受之小節而已而信廉之大又安可哉以其非義之本耳宜孟子以是闢之○注陳仲子至受之也○正義曰此於前篇已說矣

桃應問曰舜爲天子皋陶爲士瞽瞍殺人則如之何桃應孟子弟子問皋陶爲士官

主執罪人瞽瞍惡暴而殺人則臯陶何如孟子曰執之而已矣孟子曰臯陶執之耳

然則舜不禁與桃應以舜爲天子使有司執其父不禁止之邪曰夫舜惡得而禁之夫有所受之也夫辭也孟子曰夫舜惡得禁之夫天下乃受之於堯當爲天理民王法不曲豈得禁之也然則舜如之何應問舜爲之將如何曰舜視棄天下猶棄敝蹝也竊負而逃遵海濱而處終身訢然樂而忘天下孟子曰舜視棄天下如捐棄敝蹝蹝草履也敝喻不惜舜必負父而遠逃終身訢然忽忘天下之爲至貴也

疏

桃應至天下正義曰此章言奉法承天政不可枉大孝榮父遺棄天下虞舜之道趨將若此孟子之言揆聖意者也桃應問曰舜爲天子臯陶爲士瞽瞍殺人則如之何桃應問孟子曰舜爲天子命臯陶爲士官以執罪人舜父瞽瞍殺人則臯陶之士當如何也孟子曰執之而已矣孟子荅之但當執而不縱也然則舜不禁與桃應問曰如是則舜爲天子使有司執其父而不禁之耶曰夫舜惡得而禁之夫有所受之也孟子又荅之曰

夫舜豈得而禁止之哉夫以其法有所受之而已然則舜如之何桃應問曰如是舜不敢禁止皐陶無執其父則舜將如之何曰舜視棄天下至忘天下孟子又荅之曰舜視天下如捐棄敝蹝而不惜也必將竊負戴其父而逃循海濵而處以逃之且終身訢然樂而忘去天下是以舜得天下不足解憂惟順父母可以解憂也

孟子自范之齊望見齊王之子喟然嘆曰居移氣養移體大哉居乎夫非盡人之子與范齊邑王庶子所封食也孟子之范見王子之儀聲氣高涼。不與人同還至齊謂諸弟子喟然嘆曰居尊則氣高居卑則氣下居之移人氣志使之高涼若供養之移人形身使充盛也大哉居乎者言當慎所居人必居仁也凡人與王子豈非盡。是人之子也王子居尊勢故儀聲如是也

疏正義曰趙云此章言人性皆同居使之異君子居仁小人處利譬猶王子殊於衆品者也孟子嘗自范邑見齊王之子儀體聲氣高爽不與人同乃往歸齊而於弟子之間喟然嘆息之曰夫居足以移易人之氣所養足以移易人之體以其王子之儀體聲氣如是者亦以所居所養之大移之使然也大哉居乎言人當慎所居以仁為廣居凡衆之人豈

非盡人之子與言齊王之子亦人之子也凡人亦人子也下文觀宜合此章

孟子曰：王子宮室車馬衣服多與人同，而王子若彼者，其居使之然也，況居天下之廣居者乎？言王子宮室乘服皆人之所用之耳，然而王子若彼高涼者，居勢位故也。況居廣居，謂行仁義，仁義在身，不言而喻也。

魯君之宋，呼於垤澤之門，守者曰：此非吾君也，何其聲之似我君也？此無他，居相似也。垤澤，宋城門名也。人君之聲相似者，以其俱居尊勢，故音氣同也。以城門不自肯夜開，故君自發聲耳。

疏。正義曰：此章宜與上章合而爲一，不當分而爲二也。孟子言王子所居宮室與車馬之乘、衣服之飾，是皆與人同所用之也，然而王子若彼儀體聲氣高涼者，必其居勢位使之如是與人不同耳。言王所居勢位能如此，而況居天下之廣居，以仁爲居者乎？且以魯國之君往宋，乃呼於垤澤之門，守者曰此非吾君之身也，何其呼聲似其呼聲似我君也。言大亦無他事異焉，亦以皆居尊勢，故其聲之如是相似也。垤澤，宋

城門之名守者監門之官也是言能以大人之所居者處已而與大人相似者也

孟子曰：食而弗愛，豕交之也；愛而不敬，獸畜之也。恭敬者，幣之未將者也。恭敬而無實，君子不可虛拘。

人之交接但食之而不愛若養豕也愛而不敬若人畜禽獸但愛而不能敬也且恭敬者如有幣帛當以行禮而未以命將行之也恭敬貴實如其無實何可虛拘致君子之心也

疏。正義曰此章言取人之道必以恭敬恭敬貴實虛則不應實者謂敬愛者也孟子言人之交接但飲食為備而歡意弗加者非以愛相接者也是為豕交之也犬馬者人所愛而畜養者也如愛誠雖至而敬心弗加者是謂愛而弗敬以為獸畜之也然而恭敬者是幣帛之禮未行之也蓋以恭敬為先而幣帛從之也如恭敬而無幣帛之實以將之是又君子不可以虛拘矣以其禮不可以徒虛而行何必以恭敬修於內而為之本幣帛以將之而為之末則君子交接之道畢矣

孟子曰：形色，天性也。惟聖人然後可以踐形。

形謂君子體貌尊嚴也尚書洪範一曰貌色謂婦人妖麗之容詩云顏如

舜華此皆天假施於人也踐履居之也易曰黃中通理聖人內外文明然能以正道履居此美形不言居而言踐尊陽抑陰之義也

疏 正義曰此章言體德正容大人所履者也孟子言人之形與色皆天所賦性所有也惟獨聖人能盡其天性然後可以踐形而履之不爲形之所累矣蓋形有道之象色爲道之容人之生也性出於天命道又出於率性是以形之與色皆爲天性也惟聖人能因形以求其性體性以踐其形故體性以踐目之形而得於性之明踐耳之形而得於性之聰以至踐肝之形以爲仁踐肺之形以爲義踐心之形以通於神明凡於百骸九竅五臟之形各有所踐也故能以七尺之軀方寸之微六通四闢其運無乎不在茲其所以爲聖人與然而形與色皆天性何獨踐形而不踐色何耶蓋形則一定而不易者也色則有喜怒哀樂之變以其無常者也不可以踐之矣亦以聖人吉凶與人同何踐之以爲異哉是又孟子之深意然也○注形謂君子至抑陰之義也○正義曰云洪範一曰貌者蓋以五事之一者也孔安國云貌容儀也謂婦人妖麗之容詩云顏如舜華者此蓋有女同車之篇文也注云舜木槿也易曰君子黃中通理者蓋坤之卦文也謂君子黃中通理正位居體美在其中而暢於四支發於事業美之至也是亦以正道履居此美形不言居而言踐尊

陽而抑陰也

齊宣王欲短喪。公孫丑曰：爲朞之喪，猶愈於已乎？齊宣王以三年之喪爲太長久，欲減而短之，因公孫丑使自以其意問孟子：既不能三年喪，以朞年差愈於止而不行喪者也。

孟子曰：是猶或紾其兄之臂，子謂之姑徐徐云爾，亦教之孝悌而已矣。紾，戾也。孟子言有人戾其兄之臂，爲不順也，而子謂之曰：且徐徐云爾。是豈以徐徐之爲差者乎？不若教之以孝悌，勿復戾其兄之臂也。令欲行其朞喪，亦猶曰徐徐之類也。

王子有其母死者，其傅爲之請數月之喪。公孫丑曰：若此者何如也？丑曰：王之庶夫人死，迫於適夫人，不得行其喪親之數，其傅爲請之於君，欲使得行數月喪，如之何？

曰：是欲終之而不可得也，雖加一日愈於已，謂夫莫之禁而弗爲者也。孟子曰：如是王子欲終服其子禮而不能者也，加益一日則愈於止，況數月乎？所謂不當者，謂無禁自欲短之故譏之也疏齊宣至者也○正義曰此章言禮斷三年孝者欲益富貴怠厭思滅其日君子正言不可阿情丑欲朞之故譬以紾兄徐徐者也齊宣王欲短喪公孫丑曰爲朞之喪猶愈於已乎齊宣王欲短三年之喪公孫丑勸之以謂朞年之喪猶勝於止而不爲者矣朞年十二月也孟子曰至而已矣者孟子言如此是若或有紾戾其兄之臂者子以爲之姑且徐徐然紾其兄之臂云爾但當教之以孝悌不復戾兄之臂也今子欲勸齊王短其三年之喪而且謂爲朞年之喪亦若徐徐然之謂也王子有其母死者其傅爲之請數月之喪公孫丑曰若此何如也公孫丑又復問孟子曰王子有母死之者其傅相者爲之請行數月之喪如此者是如之何也以其王子庶生之母死迫於嫡母而不敢終喪者也曰是欲終之而不可得也至弗爲者也孟子荅之曰是王子欲終之喪有所禦而不可得而爲者也雖加益一日亦足勝於止而不爲者矣今齊宣王欲短三年之喪以其禮所當終之而且謂朞年之喪猶愈於已以勸之是謂夫莫之禁止而自弗爲者也此孟子所以不取之也論語宰我問三年之喪朞已久矣孔子所以責之曰予之不仁也汝安之則爲之予是亦孟子於此不取公孫丑之意也

孟子曰君子之所以教者五教民之道有五

品有如時雨化之者教之漸漬而浹洽也有成德者有達財者有荅問者有私淑艾者私獨淑善艾治也君子獨善其身人法其仁此亦與教法之道無差也此五者君子之所以教也申言之孟子貴重此教之道也

疏孟子至教也○正義曰此章言教人之術莫善五者養育英才君子所珍聖所不倦其惟誨人者也孟子曰君子之所以教者五至所以教也者孟子言君子所以教人之道有五品也有如時雨之教者以其教人漸漬恰如時雨之澤也是其潤之以德漸之以仁善有萌芽則誘之使敷秀性有其材則養之使長茂凡此因其大以成大小以成小是爲有若時雨而教者也有成德者以其因固有之德但教而成之也是其能仁不能反者則教之以克己復禮能勇不能怯者則教之以臨事而懼是爲有成德者也有達財者以其有財之具而不能用者則教而達之也子貢問曰賜也何如子曰女器也曰何器也曰瑚璉也子謂子夏曰女爲君子儒無爲小人儒是爲有達財之教者也有荅問者以其在於荅問之間也不憤不啓不悱不發舉一隅不以三隅反則不復也是爲有荅問之教也有私淑艾者以其獨善其身使彼法之

也子曰我非生而知之者好古敏以求之者也子不語怪力亂神凡此之類是有私淑艾之教也故重言之曰此五者之教乃君子之所以教者也論語云有教無類同

公孫丑曰道則高矣美矣宜若登天然似不可及也何不使彼爲可幾及而日孶孶也丑以爲聖人之道大高遠將若登天人不能及也何不少近人情令彼凡人可庶幾使日孶孶自勉也

孟子曰大匠不爲拙工改廢繩墨羿不爲拙射變其彀率君子引而不發躍如也中道而立能者從之大匠不爲新學拙工故爲之改鑿廢繩墨必正也羿不爲新學拙射者變其彀率之法也彀弩張嚮表率之正體望之極思用巧之時不可變也君子謂於射則引弓彀弩而不發以待彀偶也於道則中道德之中不以學者不能故卑下其道將以須於能者往取之也〔疏〕公孫丑至從之○正義曰此章言曲高和寡道大難追然而履正者不枉執德者不回故曰人能弘道丑欲下之非也公孫丑曰至孶孶也者公孫丑問孟子謂聖人之道則

至高至美矣學者跂慕之宜如登天之難以其不可得而跂及也何不使彼之道幾近令人可庶幾能及而使之日孳孳自勉而至也孟子曰大匠不爲拙工改變繩墨至能者從之孟子荅之曰大匠之師不爲新學拙工改去其繩墨之正羿之善射不爲新學拙射更變其彀率之法彀率張弓嚮的正體極思用巧之時也君子循循善誘而引人於道不以開發者又且躍如使進而無退也是其不高不卑但於中道而立教使賢愚智者皆能從而學之也此孟子所以譏於公孫丑也

孟子曰天下有道以道殉身天下無道以身殉殉從也天下有道得行王政道從身施功實也天下無道道未聞以道殉乎人者也道不得行以身從道守道而隱不聞以正道從俗人也

疏正義曰此章言窮達卷舒屈伸異變者也孟子言天下有治道之時則當以道從身以施其功實也以其身顯而道彰也天下無治道之時則當以身從道而卷藏守伏也以其道藏則身伏也未聞於此無道之時以道從人而饕富貴也論語云天下有道則見無道則隱同意

公都子曰滕更之在門也若在所禮而不荅何也滕更

滕君之弟來學於孟子也言國君之弟而樂在門人中宜荅見禮而夫子不荅何也

孟子曰：挾貴而問，挾賢而問，挾長而問，挾有勳勞而問，挾故而問，皆所不荅也。滕更有二焉。

挾，接也。接己之貴勢，接己之有賢才，接己長老，接己當有功勞之恩，接己與師有故舊之好，凡恃此五者而以學問望師之待以異意而教之，皆所不當荅。滕更有二焉，接貴接賢，故不荅矣。

【疏】公都至二焉。正義曰：此章言學尚虛己，師誨貴平，是以滕更恃二，孟子弗應者也。公都子曰至何也，公都子問孟子，謂滕君之弟滕更者，樂在門人中，宜若在所禮敬之，然而有所問，而夫子不荅，是如之何也。孟子曰挾貴而問至滕更有二焉，孟子荅之曰：有挾己之貴勢而問者，有挾己之賢才而問者，有挾己之長老而問者，有挾己有功勞之恩而問者，有挾己與師友故舊之好而問者，凡恃此五者而問我，皆所不荅也。今滕更有二於此五者之中，以恃己之貴勢與恃賢才，我所以不荅之也。挾，接也。此孟子於滕更所以不荅者，是亦不屑教之道也，奈何公都子不知以此，故有復而問焉。

孟子曰：於不可已而已者，無所不已；於

所厚者薄無所不薄也其進銳者其退速已棄也於義所不當棄而棄之則不可所以不可而棄之使無罪者咸恐懼也於義當厚而反薄之何不薄也不憂見薄者亦皆自安矣不審察人而過進不肖越其倫悔而退之必速矣當翔而後集慎如之何

【疏】孟子曰至退速

正義曰此章言賞僭及淫刑濫傷善不僭不濫詩人所紀是以季文三思而後行之者也孟子言人君於不可棄去之者而反棄去之是其餘之類無所不棄也不可棄者以其無罪之人也所以棄之者以其有罪者也故棄之使人有所懼也如堯去四凶之罪是可以棄而棄之者也其於賞當所厚者反而薄之是其餘之類亦無所不薄也所以厚賞之者以其有功故厚賞之使人有所勵也如舜舉八元八凱是所厚而厚之也其於無所不棄無所不薄之君得銳進而爲仕則其被退黜亦必急速矣無他以其君不能鑒其賢否不能信任所以如是矣故詩之商頌所以於殷武之篇有云不僭不濫論語翔而後集季文子三思而後行也

孟子曰君子之於物也愛之而弗仁物謂凡物可以養人者也當愛育之而不加之仁若犧牲不得不殺也於民也仁之而弗親臨民以非

已族類故不得與親同也**親親而仁民仁民而愛物**先親其親戚然後仁民仁民然後愛物用恩之次者也

（疏）正義曰此章言君子布德各有所施事得其宜故謂之義者也孟子言君子於凡物也但當愛育之而弗當以仁加之也若犧牲不得不殺也於民也當仁愛之而弗當親之也以愛有差等也是則先親其親而後仁愛其民先仁愛其民然後愛育其物耳是又見君子用恩有其倫序也故楊子所以事得其宜之謂義也

孟子曰知者無不知也當務之爲急仁者無不愛也急親賢之爲務知者知所務善也仁者務愛其賢也**堯舜之知而不偏物急先務也堯舜之仁不偏愛人急親賢也**物事也堯舜不偏知百工之事不偏愛衆人先愛賢使治民不一一自往親加恩惠也**不能三年之喪而緦小功之察放飯流歠而問無齒決是之謂不知務**尚不能行三年之喪而復察緦麻小功之禮放飯大飯也流歠長歠也齒

決斷肉置其餘也於尊者前賜食大飯長歠不敬之大者齒決小過耳言世之先務捨大譏小有若大飯長歠而問無齒決類也

【疏】孟子至不知務○正義曰此章言君子百行先務其崇是以堯舜親大化以隆道爲要者也孟子曰知者無不知也當務之爲急至是之謂不知務者孟子言爲之智者以其多知故無所有而不知者也然而但當知要務爲急耳爲之仁者以其汎愛故無所有而不愛者也然而但當急親其賢爲之要務是以堯舜二帝之智不能徧知百工之事但急於知賢之爲先務也爲仁不能徧愛於衆人但能急親任其賢能使之以治民也今夫不能三年之喪爲不孝之大者也而察緦小功之禮是孝之小者也放飯流歠不敬之大者也問無齒決責其不敬之小者也如不能以知賢爲先務而務徧知百工之事爲之先不能以親賢爲急務而務徧愛衆人之爲急是若執親之喪不能去不孝之大者而乃反察孝之小者食於尊者之前不能去不敬之大者而乃反責問不敬之小者也如此又安知先後之務爲緩急乎蓋緦麻三月之服者小功五月之服者也荀子云若挈裘領屈三指而頓之順者不可勝數史云綱舉而網疏提其綱則衆目張與此同意

卷終

孟子注疏卷十三下挍勘記

阮元撰盧宣旬摘錄

仁人呼復歸之矣　閩監毛三本同廖本孔本韓本考文古本呼作將是也案此形近之僞

足以無飢矣　宋九經本宋本岳本咸淳衢州本孔本韓本考文古本足利本同閩監毛三本足誤可

章指言王政普大敎其常業各養其老使不凍餒　考文古本作餧之案之當乏之誤　二老聞之歸身自託　考文古本誤記　衆鳥不羅翔鳳來集亦斯類也

歸身自己　己章指作託是也

疇一井也　按文選登樓賦注及唐釋元應衆經音義卷一皆引賈逵說一井爲疇邠鄉所本也文選送應氏詩注作二井爲疇二乃譌字

庶民治其田疇　閩監毛三本同宋本孔本韓本考文古本庶作敎

而何有不仁者也閩監毛三本同宋本孔本韓本考文古本無而字

章指言教民之道富而節用畜孔本作蓄積有餘焉有不仁故

曰倉廩實知禮節也

則地無遺其利又在上者閩監毛三本其利作利其無又字

坎也閩監毛三本同宋本孔本韓本考文古本坎作欿下滿坎同○按原泉章作科坎也

以喻君子之學必至成章乃仕進者也閩監毛三本同宋本孔本韓本考文古本無之字至字者字

章指言宏大明者無不照包聖道者成其仁是故賢者志

大宜爲君子

此章言宏也明者閩監毛三本也上一字作能也作大案此章指文也作能非

包聖道者　閩監毛三本包改志案此章指文也包宋本作乞作志非

而天下亦莫大也於太山也　補案上也字誤衍

故以此別之也　閩監毛三本同宋本孔本韓本考文古本作以此別之

章指言好善從舜好利從蹠明明求之常若不足君子小人各一趣也

不肯爲也　閩監毛三本孔本同宋本韓本考文古本無肯字

放踵　文選注引作致於踵引注致至也

不知時變也　閩監毛三本同岳本宋本孔本韓本考文古本知作得

章指言楊墨放蕩子莫執一聖人量時不取此術孔子行止唯義所在

章指言饑孔本韓本考文引古本作飢不妄食忍情抑欲賤不失道不爲苟求能無心害夫將何憂

章指言柳下惠不恭用志大也無可無否以賤爲貴也案僞疏作以貴爲賤誤也

能於中道閩監毛三本同宋本孔本韓本考文古本無能於二字

而盡棄前行者也閩監毛三本同廖本孔本韓本考文古本無者字

章指言爲仁由己必在究考文古本作完韓本同之九軔而輟無益

成功論之一貫義與此同

五霸而能久假仁義閩監毛三本同宋本孔本韓本考文古本而作若足利本作方

譬如假物閩監毛三本孔本韓本同廖本如作若

章指言仁在性體其次假借用而不已考文古本無已字實何以

易在其勉之也

人臣秉忠志若伊尹閩監毛三本同廖本孔本韓本疊志字

章指言憂國忘家意在出身志在寧君放惡攝政伊周有

焉凡人志異則生篡心也

公孫至篡也閩本同監毛二本孫下有丑字

則謂之素餐閩監毛三本同廖本孔本韓本考文古本無則字

有不耕而食閩監毛三本同廖本孔本韓本下有者字

身安國富閩監毛三本同宋本孔本韓本身作君

章指言君子正己以立於世世美其道君臣是貴所過者

化何素餐之謂也　孔本韓本考文引足利本無也字

問士當何事爲事者邪　閩監毛三本同廖本孔本韓本考文古本者邪作也

尚貴也　十行本貴字模糊閩監毛三本如此宋本孔本韓本考文古本作上

仁爲士　廖本孔本韓本士作上閩監毛三本作貴

大人之事備矣　閩監毛三本同廖本孔本韓本考文古本矣作也

章指言人當尚志志於善也善之所由仁與義也欲使王子無過差也

章指言事有輕重行有小大以大包小可也以小信大未之聞也

桃應以舜爲天子　閩監毛三本同宋本孔本韓本以下有爲字

夫舜惡得禁之 各本同宋本夫作大

草屨也 閩監毛三本同廖本孔本韓本考文古本屨下有可蹝者三字

爲至貴也 閩監毛三本同宋本孔本韓本考文古本無至字

章指言奉法承天政不可枉大孝榮父遺棄天下虞舜之

道趨將如此孟子之言揆聖意也

見王子之儀 岳本宋本廖本孔本考文古本同閩本此下剜增體字非監毛二本韓本並沿閩本之誤

高涼 按涼字與亮同古字通用亮者明也

喟然嘆曰 各本同岳本嘆上有而字

居之移人氣志 閩本孔本韓本考文古本足利本同監毛二本人誤矣

豈非盡是人之子也 閩監毛三本同宋本考文古本豈作皆孔本韓本盡作皆

章指言人性皆同居使之異君子居仁小人處利譬猶王子殊於衆品也

譬猶王子 閩監毛三本猶作如

故君自發聲耳 閩監毛三本同廖本孔本韓本考文古本無耳字

章指言輿服器用人用不殊尊貴居之志氣以舒是以居仁由義盎然內優胷中正者眸子不瞀也

正義曰 此上監毛二本增孟子曰至似也六字

似其呼聲似我君也 閩監毛三本刪似其呼聲四字是也

言大亦無他事異焉 閩本同監毛二本無大字

愛而不敬 石經敬諱作欽下同

章指言取人之道必以恭敬恭敬貴實虛則不應實者謂

敬愛也

正義曰監本此上剜增孟子曰至虛拘六字毛本與監本同

天性也注文宋本廖本分兩段形謂至人也在此經下孔本韓本與宋本同

謂君子體貌尊嚴也閩監毛三本同宋本孔本韓本尊嚴作嚴尊

顏如舜華十行本舜字糢糊閩監毛三本如此廖本孔本韓本考文古本作蕣案音義出蕣字依說文則舜古字蕣俗字也

然能以正道閩監毛三本同廖本孔本韓本考文古本然下有後字

而言踐閩監毛三本足利本同廖本孔本韓本考文古本作色主名是也

章指言體德正容大人所履有表無裏謂之柚梓是以聖

人乃堪踐形也

何踐之以爲異哉　閩本同監毛二本哉作或

而不行踐者也　閩監毛三本同廖本孔本韓本考文古本無也字

亦教之孝悌而已矣　石經宋本孔本韓本同閩監毛三本悌作弟

是豈以徐徐之爲差者乎　閩監毛三本同岳本廖本孔本韓本考文古本不重徐字

令欲行其朞喪　閩監毛三本同宋本孔本韓本考文古本令作今

欲使得行數月喪　岳本及各本同廖本使作復

章指言禮斷三年孝者欲益富貴怠厭思減其日君子正言不可阿情丑欲朞之故譬以紾兄徐徐也

而浹洽也　閩監毛三本同廖本孔本韓本考文古本浹作沾足利本也作之

有達財者　音義出達財云一本作才

此教之道也　閩監毛三本同廖本孔本韓本考文古本無也字

章指言教人　考文古本作之　之術莫善五者養育英才君子所珍

聖所不倦其惟誨人乎

則中道德之中　各本同考文古本德作體

章指言曲高和寡道大難追然而履正者不枉執德者不

回故曰人能宏道　考文古本作大　丑欲下之非也

章指言窮達卷舒屈伸異變變流從顧守者所慎故曰金

石獨也不徇人也

滕更滕君之弟　自此文滕君之弟起至君子之於物也章注非己族類非字止十行本鈌一頁閩本

與十行本同亦鈌一頁惟所鈌自更字起耳監毛本不鈌○今據毛本補

當有功勞之恩　監毛同宋本孔本韓本當作嘗

章指言學尚虛己師誨貴平是以滕更恃二孟子弗應

章指言賞僭及淫刑濫傷善不僭不濫詩人所紀是以季文三思何後之有

而不加之仁　監毛韓本同宋本考文古本加之作知人岳本廖本孔本作如人足利本此句作而不得與人同

不得不殺也　監毛孔本韓本同宋本下不作而誤

用恩之次者也　閩監毛三本同廖本孔本韓本考文古本無者字

章指言君子布德各有所施事得其宜故謂之義也

務愛其賢也　閩監毛三本同廖本孔本韓本考文古本無其字

不二三　宋本廖本孔本韓本同閩監毛三本二三作一一

親加恩惠也　閩監毛三本同岳本廖本孔本韓本無也字

有若大飯長歠而問無齒決類也　閩監毛三本同廖本孔本韓本考文古本有若至齒決十一字作若此之三字

章指言振裘持領正羅維綱君子百行先務其崇是以堯舜親賢大化以隆道爲要也

孟子注疏卷十三下挍勘記　奉新趙儀吉挍

孟子注疏解經卷第十四上

盡心章句下　凡三十九。章　趙氏注　孫奭疏

疏正義曰：此卷即趙注分上卷爲之者也。此卷凡三十九章。一章言發政施仁，一國被恩；好戰輕民，災及所親。二章言春秋撥亂，時多戰爭。三章言文之過實，聖人不改錄其意也。四章言民思明君，若旱望雨，以仁伐暴，誰不欣喜。五章言規矩之法，喻若典禮。六章言阨窮不憫，貴而思降。七章言恕以行仁，遠禍之端；暴以殘民，招咎之患。八章言修理關梁，譏而不征。九章言率人之道，躬行爲首。十章言務利蹈姦，務德蹈仁。十一章言廉貪相殊，名亦卓異。十二章言親賢正禮，明其五教。十三章言王者當天，然後處之。十四章言得民爲君。爲臣重民，敬祀治之所先。十五章言伯夷。下惠，變貪厲薄。十六章言仁恩及人，人能弘道。十七章言孔子周流，不遇則去。十八章言君子固窮，窮不變道，上下無交，無賢援也。十九章言正己信心，不患衆口。二十章言以明照暗，暗者以開；以暗責明，暗者愈迷。二十一章言聖人之道，學而時習，仁義在身，常常被服，舍而不修，猶茅是塞。二十二章言前聖後聖，所尚者同，三王一體，何得相踰。二十三章言可爲則從，不可則

止非時逆指猶若馮婦暴虎無已必有害也二十四章言尊德樂道治性勤禮二十五章言神聖以下優劣異差樂正好善猶下二科二十六章言驅邪反正正斯可矣來者不追追其前罪君子甚之以爲過二十七章言養民輕斂君子道也二十八章言寶此三者以爲國珍二十九章言小知自私藏怨之府大雅先人福之所聚三十章言教誨之道受之如海百川移流不得有拒三十一章言善恕仁義充其大美無受爾汝何施不可三十二章言道之善以心爲原三十三章言君子之行動合中禮湯武之隆不是過三十四章言富貴而驕自遺咎也茅茨采椽聖堯表也以賤說貴懼有蕩心三十五章言清淨寡欲行之高者畜聚積實穢行之下廉者招福濁者速禍三十六章言曾參至孝思親異心羊棗之感終身不嘗三十七章言士行有科人有等級中道爲上狂狷不合似是而非色厲而內荏鄉原之惡聖人所甚戒三十八章言三皇已來人倫攸敘聖人不出名世承間雖有斯限蓋有遇不遇焉是以仲尼止於獲麟孟子終於無有乎爾凡此三十九章合前四十五章是盡心篇有八十四章矣

孟子曰不仁哉梁惠王也仁者以其所愛及其

所不愛不仁者以其所不愛及其所愛梁魏都也以用也仁者用恩於所愛之臣民王政不偏普施德教所不親愛者并蒙其恩澤也用不仁之政加於所不親愛則有災傷所親愛之臣民亦并被其害惠王好戰殺人故孟子曰不仁哉公孫丑問曰何謂也丑問及所愛之狀何謂也梁惠王以土地之故糜爛其民而戰之大敗將復之恐不能勝故驅其所愛子弟以殉之是之謂以其所不愛及其所愛也孟子言惠王貪利鄰國之土地而戰其民死亡於野骨肉糜爛而不收兵大敗而欲復戰恐士卒少不能用勝故復驅其所愛近臣及子弟而以殉之殉從也所愛從其所不愛而往趨死亡故曰及其所愛也東敗於齊長子死焉

疏孟子曰至愛也○正義曰此章言發政施仁一國被恩好戰輕民災及所親著此魏王以戒人君者也孟子曰不仁哉梁惠王也至及其所愛也孟子言世稱不仁之人是梁惠王也仁者之君以其用恩於所愛親幸者以加及於所不親幸者是自近及遠之謂也不仁之君

以其用不仁之政加於所不親愛幸者則有災傷及其所親愛幸者也公孫丑問曰何謂也公孫丑未曉其旨乃問孟子曰及所愛之狀是何所謂也梁惠王以土地之故至及其所愛也孟子解其旨以曉公孫丑之問也言梁惠王貪利鄰國之土地而戰鬭其民戰死於野糜爛其骨肉及兵大敗將欲復戰之恐懼其不能戰勝以其士卒之少故驅率其所愛幸之親臣及親愛之子弟以從之而往趨於戰死是謂以其所不愛及其所愛者也此所以見梁惠王不仁之甚也左傳云未陳而薄之曰敗某師大崩曰敗績今梁王之敗獨謂之大敗者以其敗某師與敗績不足言故稱爲大敗抑又言梁王不以義戰以見梁王不仁之甚也○注梁魏都及東敗於齊長子死焉正義曰此蓋首篇說矣

孟子曰春秋無義戰彼善於此則有之矣征者上伐下也敵國不相征也春秋所載戰伐之事無應王義者也彼此相覺有善惡耳孔子舉毫毛之善貶纖芥之惡故皆錄之於春秋也上伐下謂之征諸侯敵國不相征五霸之世諸侯相征於三王之法皆不得其正者也

疏正義曰此章言春秋撥亂時多爭戰事實違禮以文反正誅討征伐不自王命故曰無義戰者也孟子曰至敵

國不相征也。孟子言春秋之世，凡兵之所起，皆小役大，弱役强，或因怒興師，或棄禮貪利，未嘗有禁暴救亂之義也。是以春秋無義戰。然而春秋雖謂無義戰，其彼國之戰有善於此國，未嘗無也。是以彼善於此則有之矣。夫征者，以上伐下，無有敵於我師，所以正彼之罪也。如抗敵之國，則相爲强弱以結禍亂，非上之所以伐下，固有敵于我師者也。其勢皆足以相抗，皆出於交惡者也，故曰敵國不相征也。○注「孔子舉毫毛」至「春秋也」。正義曰：此蓋言春秋無義戰之謂也。如有之，則孔子必書，故有是之言也。

孟子曰：盡信書，則不如無書。吾於武成，取二三策而已矣。仁人無敵於天下，以至仁伐至不仁，而何其血之流杵也？書，尚書。經有所美，言辭或過。若康誥曰「冒聞于上帝」，甫刑曰「皇帝清問下民」，梓材曰「欲至于萬年」，又曰「子子孫孫永保民」。人不能聞天，天不能問於民，萬年永保，皆不可得爲。書豈可案文而皆信之哉？武成，逸書之篇名，言武王誅紂，戰鬭殺人，血流舂杵。孟子言武王以至仁伐至不仁，殷人簞食壺漿而迎其王師，何乃至於血流漂杵乎？故吾取武成兩三簡策可用者耳，其過辭則不取之也。【疏】正義曰此章言文之過實聖人不改錄其意也是故取於武成二三策而已孟子言尚書之文不可盡信之也如盡信其書之文則不若無書而已以其辭之有過適所以疑惑於人也故孟子言我於書之武成篇特取二三策而爲不盡信之而已蓋尚書之過辭多矣所以不暇具言之故於武成但取二三策而言耳曰仁人用兵故前徒倒戈無有敵於我師也是以至仁之人而誅伐其至不仁之人而何其武王誅紂戰鬬殺人乃至於血流舂杵也此孟子於武成所以執此而言書之不可盡信矣○注書尚書至不取也○正義曰康誥曰冒聞于上帝者蓋成王伐管叔蔡叔以殷餘民封康叔作此康誥也云我西土惟時怙冒聞于上帝帝休孔安國云我西土岐周惟是怙恃文王之道故其政教冒被四表上聞于天也云甫刑曰皇帝清問於下民者蓋呂侯見命爲天子司寇後爲甫侯故或稱甫刑此篇蓋以穆王命作夏禹贖刑之法以布告天下也皇帝清問下民者孔安國云堯帝詳問民患也云梓材曰欲至于萬年又曰予子子孫孫永保民者蓋康叔爲政之道亦如梓人治材故曰梓材言欲至于萬年惟王子子孫孫永保民孔注云我周家惟欲使至於萬年承奉王室又欲令子孫累世長居國以安民也餘已前說

孟子曰有人曰我善爲陳我

善爲戰大罪也國君好仁天下無敵焉南面而征北夷怨東面而征西夷怨曰奚爲後我此人欲勸諸侯以攻戰也故謂之有罪好仁無敵四夷怨望遲顧見征何謂而後我已說於上篇矣武王之伐殷也革車三百兩虎賁三千人王曰無畏寧爾也非敵百姓也若崩厥角稽首征之爲言正也各欲正己也焉用戰革車兵車也虎賁武士爲小臣者也書云虎賁贅衣趣馬小尹三百兩三百乘也武王令殷人曰無驚畏我來安止爾也百姓歸周若崩厥角額角犀厥地稽首拜命亦以首至地也欲令武王來征己之國安用善戰陳者

疏 孟子曰至焉用戰○正義曰此章言民思明君若旱望雨以仁伐暴誰不欣喜是以殷民厥角周師歌舞焉用善戰者也孟子曰有人曰我善爲陳我善爲戰至焉用戰者孟子言有人謂我善爲行陳我善爲戰鬭以其是欲勸諸侯以攻戰者也是爲大罪之人也且國君好行仁政以及民人凡有所征天下無敢有

敵者也故南面而征則北夷怨東面而征則西夷怨曰奚爲後我誂已在上篇矣武王之誅伐商紂有兵車三百乘虎賁之勇士有三千人武王令告於商之人曰無驚畏我來安止爾也故不敢抗敵之百姓皆崩摧其角若無所容頭乃稽首拜命故征之所以言正彼之罪也百姓各欲武王來征已之國焉用爲善戰者乎此孟子所以有是而戒時君好仁以爲無敵之道而已是又戒時之臣無以戰事言於時君耳○注革車至戰陳者○正義曰革車者以皮爲飾者也牧誓言武王戎車三百兩虎賁三千人孔安國云兵車百夫長所載車稱兩一車步卒七十二人凡二萬一千人舉全數虎賁勇士稱也若虎賁獸言其猛也皆百夫長也又案太誓篇云百姓懍懍若崩厥角孔安國言民畏紂之虐危懼不安若崩厥角○無所容頭者也

孟子曰梓匠輪輿能與人規矩不能使人巧梓匠輪輿之功○能以規矩與人人之巧在心拙者雖得規矩之法亦不能成器也蓋喻人不志仁雖誦典憲不能以善

疏正義曰此章言規矩之法喻若典禮人不志仁雖誦憲籍不能以善者也孟子言梓匠輪輿之工能與人規矩法度而不能使人之巧以其人之巧在心如心拙雖得規矩法度亦不能成美器也喻當時之君如心不

在仁雖誦憲籍亦不能成美政也梓匠輪輿已說於上篇矣

孟子曰：舜之飯糗茹草也，若將終身焉；及其為天子也，被袗衣，鼓琴，二女果，若固有之。

糗飯乾糒也。袗畫也。果侍也。舜耕陶之時飯糗茹草，若將終身如是。及為天子被畫衣黼黻絺繡也，鼓琴以協音律也，以堯二女自侍亦不佚豫，如固自當有之也。

【疏】正義曰：此章言窮不憫，貴而思降，凡人所難，舜降聖德，所以殊者也。孟。言舜初於耕歷山陶河濱之時，以糗而飯，以草而茹，若終身如是焉。及堯禪位為之天子，所被以畫衣黼黻絺繡，鼓五絃之琴，以堯帝二女事之，實若固自當有之也。○注「糗乾糒也」至「黼黻絺繡也」。○正義曰：云「糗糒也」，按《釋名》云：「糗，乾飯屑也。」云「袗畫也」，《說文》云：「袗，玄衣也。」孔傳云：「黼若斧形，黻為兩已相背，葛之精曰絺，五色備曰繡。」云「果侍也」，按許慎謂女侍曰倮，今釋果為侍，謂二女之侍舜，是以有惑於許慎之說而遂誤歟？蓋木實曰果，云果者，取其實而言也。

孟子曰：吾今而後知殺人親之重也。殺人之父，人亦殺其父；殺人之兄，人亦殺其兄，然則非自殺之也一間耳父仇不同天兄仇不同國以惡加人人必加之知其重也一間者我往彼來間一人耳與自殺其親何異哉疏正義曰此章言恕以行仁遠禍之端暴以殘民招咎之患是以君子好生惡殺反諸身者也孟子言我於今然後知殺人之親之爲最重者也殺彼人之父彼人亦殺已父而報之殺彼人之兄彼人亦殺已兄而報之如是則非已之殺但一間耳以其與自殺之無異也○注父仇不同天兄仇不同國○正義曰案禮云父之讎弗與共戴天交遊之讎不同國兄弟之讎不反兵蓋所以避之也周官云父之讎避諸四海之外所謂不與共其國蓋非周禮歟又周官謂人凡殺人而義者勿令勿讎則殺之而不義在邦法不可殺者必避之而已

孟子曰古之爲關也將以禦暴今之爲關也將以爲暴古之爲關將以禦暴亂譏閉非常也今之爲關反以征稅出入之人將以爲暴虐之道也疏正義曰此章言修理關梁譏而不征如以稅斂非其程式懼將爲暴故譏之也孟子言古之爲關譏而不稅將以禦暴亂非常之人而已今之爲關乃征稅而不譏將以爲暴亂之道也按周禮司關云凡四方之賓客叩關則爲之告有內外之送則

以節傳出納之是以爲關將以禦暴也孟子之時司關征取其稅適所以爲暴此孟子所以有是言歟

孟子曰身不行道不行於妻子使人不以道不能行於妻子身不自履行道德而欲使人行道德雖妻子不肯行之言無所則效使人不順其道理不能使妻子順之而況他人乎

疏正義曰此章言率人之道躬行爲首者也孟子言人身自不履行其道德雖妻子之間且有所不行以其無所倣法者也使人如不以道理雖妻子且有不順況能行於民乎荀況云有分義則合天下而治無分義則一妻一妾而亂亦與同意論語曰其身正不令而行其身不正雖令不從亦其意也

孟子曰周于利者凶年不能殺周于德者邪世不能亂周達於利營苟得之利而趨生雖凶年不能殺之周達於德身欲行之雖遭邪世不能亂其志也

疏正義曰此章言務利蹈姦務德蹈仁舍生取義其道不均者也孟子言人積備其利物以爲周于利者則所養常厚故凶荒之年且不能殺死踰人之能盡其性以爲周于德者則所守彌篤故姦邪之世不能亂其志蓋以戰國之時無富而教之之術此孟子

所以救之以此

孟子曰：好名之人，能讓千乘之國；苟非其人，簞食豆羹見於色。

好不朽之名者，輕讓千乘，伯夷、季札之類是也。誠非好名者，爭簞食豆羹變色，訟之致禍，鄭公子染指黿羹之類是也。

疏 正義曰：此章言廉貪相殊，名亦卓異者也。孟子言好不朽之名者，則重名輕利，故云能讓千乘之國；而且不受，苟非好名之人，則重利而輕名，而簞食豆羹之小節，且見爭奪而變見於顏色。○注伯夷季札與鄭公子之類。○正義曰：案史記列傳云：伯夷、叔齊，孤竹君之二子，父欲立叔齊，及父卒，叔齊讓伯夷，伯夷曰父命也，遂逃去，叔齊亦不肯立而逃之。案春秋少陽篇：伯夷姓墨名允，字公信，伯，長也，夷，諡也。叔齊名智，字公達，伯夷之弟，齊亦諡也。世家云：王餘昧卒，欲授弟季札，季札讓逃去，於是吳人曰：先王有命，兄卒弟代立，必致季子，今逃位，則王餘昧後立，今卒，其子當代，乃立王餘昧之子僚爲王。凡此是伯夷、季札之讓千乘之國也。云鄭公子染指黿羹者，案魯宣公四年左傳云：楚人獻黿於鄭靈公，公子宋與子家將見，子公之食指動，以示子家曰：他日我如此，必嘗異味。及入，宰夫將解黿，相視而笑，公問之，子家以告。及食大夫黿，召子公而弗與也，子公怒，染指於鼎，嘗之而出，公

怒欲殺子公子公與子家謀先子家曰畜老猶憚殺之而況君乎反譖子家子家懼而從之夏弑靈公故經書曰鄭公子弑其君夷是也

孟子曰不信仁賢則國空虛無禮義則上下亂無政事則財用不足不親信仁賢仁賢去之國無賢人則曰空虛也無禮義以正尊卑則上下之敘泯亂無善政以教人農時貢賦則不入故財用有所不足故也

疏正義曰此章言親賢正禮明其五教爲政之源聖人以三者爲急也孟子言人君不親信仁賢則仁賢去之仁賢去則國無賢人是爲空虛之國也無禮義以正尊卑則上下之序泯亂無政事以理財則財用之而不足蓋禮義由賢者出政事由賢者出不信仁賢則禮義不與禮義不與則政事不行而國之財用於是乎不足此孟子言之亦其敘之然

孟子曰不仁而得國者有之矣不仁而得天下者未之有也不仁得國者謂象封於有庳叔鮮叔度封於管蔡以親親之恩而得國也雖有誅亡其世有土丹朱商均天下元子以其不仁天下不與故不得有天下焉

疏正義曰此章言王者當天然後處之桀紂幽厲雖得猶失不爲得者也孟子曰不仁而得

國有之矣不仁而得天下未之有也者孟子言世有不仁之者而得其國而爲臣者有之矣不仁之人而得天下而爲王者故未之有也是以桀紂幽厲雖得而終亦失之亦且不爲者也○注象封有庳叔鮮叔度封於管蔡與丹朱商均者正義曰云象封有庳孟子於萬章篇言之詳矣云叔鮮叔度者案世家史記云管叔鮮蔡叔度周文王子而武王之弟也武王克殷紂平天下封功臣昆弟於是封叔鮮於管封叔度於蔡杜預云管在滎陽京縣東北世本曰居上蔡丹朱商均者丹朱堯之子也商均舜之子也又言於上篇已詳矣

孟子曰民爲貴社稷次之君爲輕是故得乎丘民而爲天子君輕於社稷社稷輕於民丘十六井也天下丘民皆樂其政則爲天子殷湯周文是也得乎天子爲諸侯得天子之心封以爲諸侯得乎諸侯爲大夫得諸侯之心諸侯能以爲大夫諸侯危社稷則變置諸侯爲危社稷之行則變更立賢諸侯也犧牲既成粢盛既絜祭祀以時然而旱乾水溢則變置社稷犧牲已成肥腯粢稻

已成絜精祭祀社稷常以春秋之時然而其國有旱乾水溢之災則毁社稷而更置之

疏　孟子至社稷○正義曰此章言得民爲君得君爲臣論君民社稷之輕重也孟子曰至則變置社稷者孟子言民之爲貴不可賤之者也社稷次之於民而君比於民猶以爲輕者如此者也如此故得乎四邑之民以樂其政則爲天子以有天下得乎天子之心則爲諸侯以有其國得乎諸侯之心以爲大夫有其家如諸侯不能保安其社稷而以危之則變更立置其賢君是社稷有重於君也犧牲既成以肥腯粢盛既成以精絜祭祀又及春秋祈報之時然而其國尚有旱乾水溢之災則社稷無功以及民亦在所更立有功於民者爲之也是民又有貴於社稷也此孟子所以自解民爲貴社稷次之君爲輕之敘也云社稷者蓋先王立五土之神祀以爲社立五穀之神祀以爲稷以古推之自顓帝以來用句龍爲社柱爲稷及湯之旱以棄易其柱是亦知社稷之變置又有見於湯之時然也○注君輕於社稷至於殷湯周文也○正義曰此云丘十六井也者案司馬法云六尺爲步步百爲畝畝百爲夫夫三爲屋屋三爲井井十爲通通十爲成是一丘爲十六井而一井爲九夫之地也今云十六井蓋有一萬四千四百畝爲一百四十四夫所受者也云殷湯周文者蓋引此二王皆自百里而起爲

天下王是得乎民心者也孟子曰聖人百世之師也伯夷柳下惠是也伯夷之清柳下惠之和聖人之一槩也故聞伯夷之風者頑夫廉懦夫有立志聞柳下惠之風者薄夫敦鄙夫寬奮乎百世之上百世之下聞者莫不興起也非聖人而能若是乎而況於親炙之者乎頑貪懦弱鄙狹也百世言其遠也興起志意興起也非聖人之行何能感人若是喻聞尚然況於親見而薰炙之者乎

疏孟子至者乎○正義曰此章言伯夷柳下惠變貪厲薄千載聞之猶有感激謂之聖人美其德也孟子曰至而況於親炙之者乎者此言伯夷下惠之爲聖人也言聖人之道無窮爲百世之師法者也伯夷柳下惠二人是也故千載之下聞伯夷之清風者頑貪之夫化而爲廉儉懦弱之夫化而有立毅之志聞下惠之和風者鄙薄之夫化而爲敦厚寬大是則二人清和之風奮發乎百世之上而使百世之下聞其風者無有不感激而志意興起而化之也然而非聖人其能若是使百世

之下莫不興起者也聞而化者尚如此況當時有親見薰炙之者乎。注頑貪至美其德此蓋於上篇言之詳矣　孟子曰仁也者人也合而言之道也能行仁恩者人也人與仁合而言之可以謂之有道也　疏　正義曰此章言仁恩須人人能弘道也孟子言爲仁者所以盡人道也此仁者所以爲人也蓋人非仁不立仁非人不行合仁與人而言之則人道盡矣楊子云仁以人同　孟子曰孔子之去魯曰遲遲吾行也去父母國之道也去齊接淅而行去他國之道也遲遲接淅說已見上篇言矣此不復說焉　疏　此章蓋言孔子周流不遇則去者也其說俱見上篇　孟子曰君子之戹於陳蔡之閒無上下之交也君子孔子也論語曰君子之道三我無能焉孔子乃尚謙不敢當君子之道故可謂孔子爲君子也孔子所以戹於陳蔡之閒者其國君臣皆惡上下無所交接故戹也　疏　正義曰此章言孔子見戹謂君子固窮窮不變道上下無交無賢援也孟子言孔子見戹於陳蔡二國之閒幾不免死以無上下之交而已以其上無所事雖死不爲諂下無所可與雖死不爲瀆是爲無交接也論語衞靈公之篇云孔子在陳絶糧從者病莫能興子路慍見曰君子亦有窮乎子曰君子固窮小人窮斯濫矣豈非窮不變道者能如是乎○注君子道者三我無能焉所謂仁者不憂智者不惑勇者不懼是三者也

貉稽曰稽大不理於口貉姓稽名仕者也爲衆口所訕理賴也謂孟子曰稽大不賴人之口如之何也

孟子曰無傷也士憎茲多口審己之德口無傷也離於凡人而仕者亦益多口

詩云憂心悄悄慍于羣小孔子也肆不殄厥慍亦不殞厥問文王也詩邶風柏舟之篇曰憂心悄悄憂在心也慍于羣小怨小人聚而非議賢者也孔子論此詩孔子亦有武叔之口故曰孔子之所苦也大雅緜之篇曰肆不殄厥慍殄絶慍怒也亦不殞厥問殞失也言文王不殞絶畎夷之慍怒亦不能殞失文王之善聲問也

疏貉稽至文王也○正義曰此章言正己信心不意衆口衆口諠譁大聖所有況於凡品之所能禦者也貉稽曰稽大不理於口貉姓稽名亦當世之士也貉稽自稱名問於孟子曰稽大不能治人之口

使不訕其己者如之何孟子曰無傷也至文王也者孟子荅之以爲審己之德已修雖人之口訕亦不能傷害其己之德也以其爲士者益此多口不能免人之訕也故邶風柏舟之詩有云憂心悄悄慍于羣小言憂悄悄常在心見怒于羣小衆小人也以其孔子刪此詩亦不能免武叔之毀故曰孔子尚如是憎多口也大雅緜之詩有云肆不殄厥慍亦不殞厥問言不能殄絶畎夷之慍怒然亦不能殞失文王之善聲故曰文王尚如此亦憎多口也此所以荅貉稽大不理於口以爲無傷也○注邶風柏舟之篇至聲聞也○正義曰此篇蓋言仁人不遇也注云慍怒也悄悄憂貌論語云叔孫武叔毀仲尼子貢曰仲尼不可毀也仲尼日月也人雖欲自絶其何傷於日月乎多見其不知量也云大雅緜之篇者蓋此篇言文王之興本由太王也注肆故今也慍恚殞墜也畎夷狄國也

孟子曰賢者以其昭昭使人昭昭今以其昏昏使人昭昭賢者治國法度昭明明於道德是躬行之道可也今之治國法度昏昏亂潰之政也身不能治而欲使人昭明不可得也

疏正義曰此章言以明昭闇闇者以開以闇責明闇者愈迷賢者可遵譏今之非也孟子曰至昭昭者孟子言有諸己然後求諸人之道也

賢者之君治國以其昭昭明己之道德然後使人昭昭今之治國者乃以昬昬不能自明己之道德而欲使他人昭明微不可得也是亦所謂由其表而求影之正濁其源而求流之詩同其旨

孟子謂高子曰山徑之蹊間介然用之而成路爲間不用則茅塞之矣今茅塞子之心矣

高子齊人也嘗學於孟子鄉道而未明去而學於他術孟子謂之曰山徑山之領有微蹊介然人遂用之不止則蹊成爲路爲間有間也謂廢而不用則茅草生而塞之不復爲路以喻高子學於仁義之道當遂行之而反中止正若山路故曰茅塞子之心也

疏正義曰此章言聖人之道學而時習舍而弗修猶茅是塞明爲善之不可倦者也孟子謂於高子曰山嶺有微蹊其間之微小介然而已如用而行之則蹊成大路不用而行之茅草生塞之不能成其路也喻高子之爲善止於中道而其心爲利欲之所充塞亦若茅塞其路矣故曰今茅塞子之心矣蓋高子嘗於爲詩而不通乎意是塞其心之一端也

高子曰禹之聲尚文王之聲孟子曰何以言之

高子以爲禹之尚聲樂過於文王孟子難

之曰何以言之曰以追蠡高子曰禹時鐘在者追蠡也追鐘鈕也鈕磨齧處深矣蠡欲絕之貌也文王之鐘不然以禹為尚樂也曰是奚足哉城門之軌兩馬之力與孟子曰是何足以為禹尚樂乎先代之樂器後王皆用之禹在文王之前千有餘歲用鐘日久故追欲絕耳譬若城門之軌齧其限切深者用之多耳豈兩馬之力使之然乎兩馬者春秋外傳曰國馬足以行關公馬足以稱賦是兩馬也

疏

高子至力與○正義曰此章言前聖後聖所尚者同三王一體何得相踰欲以追蠡未達一隅孟子言之將以啓其蒙者也高子曰禹之聲尚文王之聲者高子言於孟子曰禹王之尚聲樂過於文王之聲樂也孟子曰何以言之者孟子見高子蔽惑故難之曰何以言禹之聲尚文王之聲也曰以追蠡高子曰以其追蠡鐘鈕之銳欲絕故云然也孟子曰是奚足哉城門之軌兩馬之力與孟子又以此解高子之蔽也言此追蠡何足為禹之尚聲樂過於文王乎且譬之城門之軌齧其限之深處豈以兩馬之力能使之然亦以積漸之久故使然也非特兩馬之力即如是之深也言禹王至文王其鐘用之亦以日久故能磨銳至於欲絕也此又見高子之蔽不獨於詩也所謂太山之溜久而穿石單極之綆久而斷幹其來

非一日也兩馬即如注所謂春秋外傳云國馬公馬是也齊饑陳臻曰國人皆以夫子將復爲發棠殆不可復棠齊邑也孟子嘗勸齊王發棠邑之倉以振貧窮時人賴之今齊人復饑陳臻言一國之人皆以爲夫子將復若發棠時勸王也殆不可復言之也孟子曰是爲馮婦也晉人有馮婦者善搏虎卒爲善士則之野有衆逐虎虎負嵎莫之敢攖望見馮婦趨而迎之馮婦攘臂下車衆皆悅之其爲士者笑之馮姓婦名也勇而有力能搏虎卒後也善士者以善搏虎有勇名也故進以爲士之於野外復見逐虎者攖迫也虎依陬而怒無敢迫近者也馮婦恥不如前見虎走而迎攘臂下車欲復搏之衆人悅其勇猛其士之黨笑其不知止也故孟子謂陳臻今欲復使我如發棠時言之於君是則我爲馮婦也必爲知者所笑也

疏齊饑至笑之正義曰此章言可爲則從不可則止言善見用得其時也非時逆指猶若馮婦搏虎無已必有害也齊饑陳臻曰至殆不可復者

蓋齊國之人時皆被饑孟子嘗勸齊王發粟以賑之今者復饑而孟子不復發棠邑之粟以賑陳臻爲孟子之弟子乃問孟子言齊國之人皆以爲夫子將復發棠邑之粟以賑救之今夫子不復發棠殆爲齊王不可復勸是如之何故以此問孟子孟子曰至其爲士者皆笑之者孟子乃以此馮婦之喻而比言於陳臻也言如將復發棠是爲馮婦者也馮婦能暴虎也言晉國有馮婦之人善能搏虎後爲之善士則之於野外見有衆人逐其虎虎倚山嵎而怒衆人皆莫敢攖而搏之者望見馮婦來乃皆趨進而迎之馮婦乃下車攘臂欲復搏之衆人皆悅其勇猛其爲士之黨者知道則笑其不知止也言今齊王恃威虐以斂民亦若虎之負嵎以難合之說逝於暴人之前又若迎而搏虎也是以孟子將復爲發棠非不足以悅衆自君子觀之亦若爲士者之笑馮婦也以其不知止矣○注棠齊邑也○正義曰案齊世家史記云棠公妻好裴駰云賈逵曰棠公齊邑大夫也是棠之爲齊邑明矣

孟子曰口之於味也目之於色也耳之於聲也鼻之於臭也四肢之於安佚也性也有命焉君子不謂性也口之甘美味目之好美色耳之

樂五音。鼻之喜芬香臭香也易曰其臭如蘭四體謂之四肢四肢懈倦則思安佚不勞苦此皆人性之所欲也得居此樂者有命祿人不能皆如其願也凡人則有情從欲而求可身君子之道則以仁義爲先禮節爲制不以性欲而苟求之也故君子不謂之性也

仁之於父子也義之於君臣也禮之於賓主也知之於賢者也聖人之於天道也命也有性焉君子不謂命也

仁者得以恩愛施於父子義者得以義理施於君臣好禮者得以禮敬施於賓主知者得以明知知賢達善聖人得以天道王於天下此皆命祿遭遇乃得居而行之不遇者不得施行然亦才性有之故可用也凡人則歸之命祿在天而已不復治性以君子之道則修仁行義修禮學知庶幾聖人亹亹不倦不但坐而聽命故曰君子不謂命也

疏

孟子曰至命也○正義曰此章言尊德樂道不追佚性治性勤禮不專委命君子所能小人所病究言其事以勸戒者也孟子曰至君子不謂性也者孟子言人口之於美味目之於好色耳之於五聲鼻之於芬芳四肢之於安佚無事以勞之凡此五者皆人性所欲也然而得居於此樂者以其有命存焉

君子以爲有命在所不求而不可以幸得也是所以不謂之性也仁之於父子也至君子不謂命也者孟子又言仁以恩愛施之於父子義以義理施之於君臣禮以禮敬施之於賓主知以明智施之於賢者而具四端聖人兼統四體而與於天道以王天下者也凡此五者皆歸之於命也然而有是五者皆禀乎天性也以其有性存焉君子以爲有性在所可求而不可不勉也是所以不謂之命也孟子言之所以分別凡人君子以勸戒時人

浩生不害問曰樂正子何人也（浩生姓不害名齊人也見孟子聞樂正子爲政於魯而喜故問樂政子何等人也）孟子曰善人也信人也（樂正子爲人有善有信也）何謂善何謂信（不害爲善信之行謂何）曰可欲之謂善有諸己之謂信充實之謂美充實而有光輝之謂大大而化之之謂聖聖而不可知之之謂神樂正子二之中四之下也（己之可欲乃使人欲之是爲善人己所不欲勿施於人也有之於己乃謂人有之是爲信人不億不

信也充實善信使之。不虛是爲美人美德之人也充實善信而宣揚之使有光輝是爲大人大行其道使天下化之是爲聖人有聖知之明其道不可得知是爲神人人有是六等樂正子能善能信在二者之中四者之下也

疏 浩生至下也正義曰此章言神聖以下優劣異差樂正好善應下二科是以孟子爲之喜者也浩生不害問曰樂正子何人也者浩生不害問孟子曰樂正子何等人也以其見孟子聞樂正子爲政於魯而喜故有此問之也孟子曰善人也信人也孟子荅之以爲樂正子是善人信人者也以其有善有信故也何謂善何謂信不害又問之曰何以謂之善何以謂之信也曰可欲之謂善有諸己之謂信至四之下也者孟子又荅而詳爲之解之曰己之可欲使人欲之是爲善有是善於己謂人亦有之是謂之信所謂善卽仁義禮智也是爲可欲之善矣充實其善使之不虛是爲美人故謂之美充實其善而宣揚之使有光輝于外是爲大人故謂之大人具此善不特充實於己而推之以化人自近以及遠自內以及外是爲聖人故謂之聖以此之善又至經以萬方使人莫知其故是爲神人故謂之神凡是六善而樂正子能善能信是在二之中而在美大聖神四者之下也但不能充實而至神也 注 孟子聞樂正子爲政於魯正義曰此蓋經文說見上

卷終

孟子注疏卷十四上挍勘記　　阮元撰盧宣旬摘錄

凡三十九章　閩監毛三本同音義九作七案此當作三十八章疏亦數至三十八章又云凡此三十九章舛錯殊甚

得民爲君爲臣　閩監二本同毛本爲臣上有得君二字

言伯夷下惠　閩本同監毛二本下上有柳字毛本言誤方

優劣異差　補監毛本差作差不誤

所親愛之臣民　閩監毛三本足利本同宋本考文古本無親字廖本上有加字孔本韓本作加所愛之臣民

章指言發政施仁一國被恩好戰輕民災及所親著此魏王以戒人君也

敵國不相征閩監毛三本同廖本孔本韓本考文古本足利本不下有得字

於三王之法各本同考文古本三作二

皆不得其正者也閩監毛三本同宋本孔本韓本考文古本無皆字

章指言春秋撥亂時多戰爭孔本韓本作爭戰事實違禮以文反正征伐誅討不自王命故曰無義戰也

言爭或過閩監毛三本同廖本孔本韓本考文古本爭作事

皇帝清問下民閩監毛三本同宋本廖本孔本韓本考文古本足利本無皇字○按無者是困學記聞所引正同

天不能問於民閩監毛三本同廖本韓本考文古本無於字孔本作天子不能問民孔本誤

武城之篇名閩監毛三本同廖本孔本韓本考文古本之上有逸書二字是也

而迎其王師閩監毛三本同廖本孔本韓本考文古本無王字

則不取之也閩監毛三本同宋本孔本韓本考文古本無之字

章指言文之有美過實聖人不改錄其意也非獨書云詩亦有言崧高極天則百斯男宋本孔本韓本考文古本此下有亦已過矣四字是故取於武城二三策而已孔本韓本無是故已下十字

南面而征北夷怨宋本孔本韓本同閩監毛三本夷作狄石經此字漫漶案僞疏引亦作北夷作夷是也

何謂而後我閩監毛三本同宋本謂作爲廖本無而字孔本韓本考文古本作何爲後我

已說於上篇矣閩監毛三本同廖本孔本韓本考文古本無矣字

武王之伐殷也石經殷諱作商

趣馬　廖本及各本同宋本作取馬音義出趣馬

額角犀厥地　閩監毛三本同宋本孔本韓本額作頟犀作犀案音義云頟即額字犀字音西義與棲遲同息也久也字從尸下辛或作犀牛字誤也段玉裁云丁說殊誤字當作犀从牛國語曰角犀豐盈國策曰眉目準頞犀角權衡僂月今人謂之天庭古謂之犀角相書云伏犀貫頂即其理也額角犀厥地文選注引作撅地謂人叩頭似若以角發地然也說文曰厥發石也

欲令武王來征己之國　閩監毛三本同廖本孔本韓本考文古本上有各字

章指言民思明君若旱望雨以仁伐暴誰不欣喜是以殷民厥角周師歌舞焉用善戰故云罪也

若崩厥角　閩本下角剜去空一字監毛本無下角字

梓匠輪輿之功　宋本廖本孔本韓本同閩監毛三本功作工

雖得規矩之法閩監毛三本同廖本孔本韓本考文古本無之法二字

亦不能成器也閩監毛三本同宋本廖本孔本韓本考文古本亦不能作不以

蓋喻人不志仁雖誦典憲不能以善閩監毛三本同廖本孔本韓本考文古本無此十四字

章指言規矩之法喻若典禮人不志仁雖誦典憲孔本韓本考文古本作憲籍不能以善善人修道公輸守繩政成器美惟宋本足利本作準度是應得其理也

章指言阨窮不憫貴而思降凡人所難虞舜獨孔本韓本考文引古本作隆聖德所以殊也

舜降聖德案降當依章指作隆

孟言舜初於耕歷山 閩監毛三本孟下有子字

章指言恕以行仁遠禍之端暴以殘民招咎之患是以君子好生惡殺反諸身也

勿令勿讎則殺之 閩監毛三本下勿作讐

章指言修理關梁譏而不征如以税斂非其式程懼將爲暴故載之也

雖妻子不肯行之 閩監毛三本孔本韓本同岳本宋本廖本考文古本無雖字

而況他人乎 閩監毛三本孔本韓本同宋本作而況於他人者乎考文古本作而況他人者乎

章指言率人之道躬行爲首 孔本韓本考文引古本下有故字 論語曰其身不正雖令不從

營苟得之利各本同毛本苟誤茍

章指言務利蹈姦務德蹈仁舍生取義其道不均也

能讓千乘之國石經讓諱作遜

伯夷各本同宋本作子臧

季札之類閩監毛三本同孔本韓本考文古本類作疇

爭簞食豆羹閩監毛三本孔本韓本同宋本岳本食作飯

鄭公子閩監毛三本同廖本孔本韓本考文古本作鄭子公是也左傳作子公

染指黿羹之類閩監毛三本同宋本孔本韓本考文古本黿作魭音義出魭羹云左傳作黿案此則注文本用魭字改爲黿非也

章指言廉貪相殊名亦卓異故聞伯夷之風懦夫有立志

也

故經書曰鄭公子弒其君夷 案子下當有嘉字

故則用有所不足故也 閩監毛三本同宋本孔本韓本考文古本作故財用不足

章指言親賢正禮明其五教爲政之源聖人以三者爲急

也

謂象封於有庳 閩監毛三本同宋本孔本韓本作謂若象封有庳考文古本足利本謂下有若字

故不得有天下焉 閩監毛三本同宋本孔本韓本考文古本足利本焉作也

章指言王者當天然後處之桀紂幽厲雖得猶失不以善

終不能世祀不爲得也

世有不仁之者 補監毛本者作人是也

而得其國而爲臣者　補監毛本臣作君

諸侯能以爲大夫　閩監毛三本同宋本孔本韓本能作封

而更置之也　閩監毛三本同宋本孔本韓本考文古本之作

章指言得民爲君得君爲臣民爲貴也先黜諸侯後毀社稷君爲輕也重民敬祀治之所先故列其次而言之

如諸侯不能保安其社稷　閩本同監毛二本如作而

柳下惠之和　各本同考文古本和作厚

踰閩尚然　閩監毛三本同宋本廖本孔本韓本考文古本踰作諭

況於親見而薰炙之者乎　閩監二本同毛本薰作熏乎誤子岳本無於而二字廖本作況親見勳炙者也考文古本與廖本同勳作熏孔本作況於親見薰炙者也韓本足利本與孔本同韓本薰作勳案音

義出動灸云字與熏同則作薰熏者並非古本也

章指言伯夷柳下惠考文古本無惠字變貪厲薄千載聞之猶有

感激謂之聖人美其德也

下惠之爲聖人也閩本同監毛二本上增柳字下閒下惠之和風同

章指言仁恩須人人能宏道也

說已見上篇言矣此不復說焉閩監毛三本同廖本孔本韓本足利本作注義見萬

章下首章考文古本無言矣已下七字

章指言孔子周流不遇則之他國遠逝惟魯斯戀篤於孔本

韓本考文引古本無於字父母國之義也

君子之厄於陳蔡之間音義出厄於云或作厄同

君子之道三孔本韓本考文古本同閩監毛三本之道改道者

章指言君子固窮窮不變道上下無交無賢援也

如之何也閩監毛三本同廖本孔本韓本考文古本無也字

而仕者亦益多口閩監毛三本同廖本孔本韓本作而爲士者益多口考文引而仕者云古本作而爲仕者

亦不殞厥問宋九經本岳本咸淳衢州本孔本考文古本同閩監毛三本韓本殞作隕注同

不殞絶畎夷之慍怒閩監二本同毛本孔本韓本考文古本殞作殄

章指言正已信心不患衆口衆口諠譁大聖所有況於凡品之所能禦故荅貉稽曰無傷也

不意衆口閩本同監毛二本意作患

法度昭明閩監毛三本同廖本孔本韓本考文古本明作昭

是躬行之道可也閩監毛三本同廖本孔本韓本考文古本行作化

而欲使人昭明閩監毛三本同宋本孔本韓本考文古本人上有他字

章指言以明昭闇闇者以開以闇責明闇者愈迷賢者可遵譏今之非也

而求流之請補監毛本請作清

山之領宋本孔本韓本考文古本足利本同閩監毛三本作嶺

正若山路閩監毛三本同廖本孔本韓本考文古本正作比

章指言聖人之道學而時習仁義在身常宋本孔本韓本足利本作當常被服舍而弗修猶茅是塞明爲善之不可倦也

禹之尚聲樂　閩監毛三本同廖本孔本韓本考文古本尚下有聲字

鈕磨齧處深矣　閩監毛三本同宋本孔本韓本考文古本磨作擘

蠡欲絶之貌也　閩監毛三本同廖本孔本韓本考文古本疊蠡字足利本不疊無也字

限切　段玉裁云門限亦曰門切丁氏云限迹切深僞疏單摘限字由不解切字也

是兩馬也　閩監毛三本同廖本孔本韓本考文古本無此四字

章指言前聖後聖所尚者同三王一體何得相踰欲以追蠡未達一隅孟子言之將啓其蒙

以振貧窮　廖本孔本韓本考文古本同閩監毛三本振作賑賑乃俗字耳

將復若發棠時　閩監毛三本同孔本韓本考文古本無將字

見虎走而迎　閩監毛三本同宋本孔本韓本考文古本下有之字

章指言可爲則從不可則凶言善見用得其時也非時逆

指猶若馮婦搏虎無已必有害也

耳之樂五音閩監毛三本同廖本孔本韓本考文古本五音作音聲

四肢懈倦閩監毛三本同孔本韓本懈作解音義出解倦

則思安佚不勞苦宋本孔本韓本考文古本同閩監毛三本苦誤若

凡人則有情從欲而求可身閩監毛三本同廖本孔本韓本有作觸身作樂宋本考文古本有作觸足利本身作樂

故君子不謂之性也閩監毛三本同廖本孔本韓本考文古本無之字

知之於賢者也宋本岳本孔本韓本同閩監毛三本知作智案音義出知之云音智𢔘同則作智非也

有性焉各本同孔本焉作也

乃得居而行之　閩本孔本韓本同監毛二本居誤君

在天而已　閩監毛三本同廖本孔本韓本考文古本在作任

章指言尊德樂道不任　孔本韓本考文古本作追　佚性治性勤禮不專委命君子所能小人所病究言其事以勸戒也

聞樂正子爲政於魯　各本同毛本聞誤問

不害爲善信之行謂何　閩監毛三本同孔本韓本考文古本爲作問

不億不信也　閩監毛三本同廖本孔本韓本考文古本億作意案音義出不意作億非也

使之不虛　各本同考文古本之下有意字

章指言神聖以下優劣異差樂正好善應下二科是以孟子爲之喜也

樂正何人也者　閩監毛三本正下增子字

孟子注疏卷十四上挍勘記

奉新趙儀吉挍

孟子注疏解經卷第十四下

盡心章句下

趙氏注　孫奭疏

孟子曰：逃墨必歸於楊，逃楊必歸於儒。歸，斯受之而已矣。墨翟之道，兼愛無親疏之別，最爲違禮。楊朱之道，爲己愛身，雖違禮，尚得不敢毀傷之義。逃者去也，去邪歸正，故曰歸。去墨歸楊，去楊歸儒，則當受而安之也。今之與楊墨辯者，如追放豚，既入其苙，又從而招之。苙，欄也。招，罥也。今之與楊墨辯爭道者，譬如追放逸之豕豚，追而還之，入欄則可，又復從而罥之，太甚。以言去楊墨歸儒則可，又復從而非之，亦云太甚。

疏　孟子至招之○正義曰：此章言驅邪反正，斯可矣；來者不追其前罪，君子甚之，以爲過者也。孟子曰逃墨必歸於楊至歸斯受之而已矣者，墨翟無親疏之別，楊朱尚得父母生身不敢毀傷之義；儒者之道，幼學所以爲己，壯而行之所以爲人，故能兼愛無親疏之道。必歸於楊朱爲己，逃去楊朱爲己之道，必歸儒者之道也。然而歸之儒道，則當斯受而安之矣。

今之與楊墨又從而招之者孟子又言今之人有與楊墨辯爭其道者如追放逸之豕豚既還入其欄又從而罥之者也以其逃墨而歸儒則可受之而已而乃又從而罪之無以異於追放逸之豕豚既入其欄又從而罥之也以其爲亦太甚矣此孟子所以比之

孟子曰有布縷之征粟米之征力役之征 征賦也國有軍旅之事則橫與此三賦也布軍卒以爲衣也縷紩鎧甲之縷也粟米軍糧也力役民負荷廝養之役也

君子用其一緩其二用其二而民有殍用其三而父子離 君子爲政雖遭軍旅量其民力不竝此三役更發異時急一緩二民不苦之若竝用二則路有餓殍若竝用三則分崩不振父子離析忘禮義矣

疏 孟子曰至父子離○正義曰此章言原心量力政之善者繇役竝與以致離殍養民輕斂君之道也孟子曰有布縷之征至用其三而父子離者此所以薄稅斂之言而有以救時之弊者矣孟子言有布縷之征有粟米之征有力役之征布所以爲衣縷所以紩鎧甲粟米所以爲糧力征所以荷負廝養之役然而君子爲政其於此三者之賦未嘗竝行也用其一則緩其二今夫三者之賦皆取民之類也如用

其二則有傷財而民至於餓死用其三則有害民而至於父子離散是豈君子之爲政然歟蓋征之者義也緩之者仁也惟君子以仁是守以義是行然而充類之至而義之盡者君子所不爲也此孟子不得不權時而救時之弊也

孟子曰諸侯之寶三土地人民政事寶珠玉者殃必及身

諸侯正其封疆不侵鄰國鄰國不犯寶土地也使民以時居不離散寶人民也修其德教布其惠政寶政事也若寶珠玉求索和氏之璧隋侯之珠與强國爭之强國加害殃及身也

疏

正義曰此章言寶此三者以爲國珍寶於爭玩以殃其身諸侯如兹永無患也孟子言諸侯之所寶者有三曰土地曰人民曰政事使鄰國無侵犯其封疆是寶其土地也撫恤鰥寡煢獨使民以時民不離散是寶人民也修德布惠是寶政事也若不以此三者爲寶而寶珠玉者殃禍必及身矣此孟子見當時之君爭城殺人橫賦重斂不以土地人民政事爲寶所以有是言而救之耳○和氏之璧隋侯之珠正義曰案韓詩云楚人和氏得玉璞於楚山中獻武王武王使人相之曰非也王怒刖其左足後成王即位和抱玉璞泣於楚山下成王使人琢之果得寶名曰和氏之璧又隋侯姓祝字元暢往齊國見一蛇在沙中頭上

血出隋侯以杖挑於水中而去後回還到蛇處乃見此蛇銜珠來隋侯前隋侯意不懌是夜夢脚踏一蛇驚起乃得雙珠後人稱爲隋侯珠矣

盆成括仕於齊孟子曰死矣盆成括盆成姓括名也嘗欲學於孟子問道未達而去後仕於齊孟子聞而嗟歎曰死矣盆成括知其必死盆成括見殺門人問曰夫子何以知其將見殺門人問孟子何以知之也曰其爲人也小有才未聞君子之大道也則足以殺其軀而已矣孟子荅門人言括之爲人小有才慧而未知君子仁義謙順之道適足以害其身也

疏盆成括至而已矣○正義曰此章言小智自私藏怨之府勞謙終吉者也盆成括仕於齊孟子曰死矣盆成括者盆成括嘗學於孟子未達其道而去之後仕於齊國孟子聞之乃曰死矣盆成括以其盆成括之必見死也盆成括見殺門人問曰夫子何以知其將見殺者言盆成括果見殺死門人乃問孟子曰夫子何以知其盆成括將見殺死曰其爲人也小有才未聞君子之大道也則足以殺其軀而已矣者孟子荅之曰盆成括之爲人小有才慧而未知聞

君子仁義謙順之大道是則足以知其將見殺其身

孟子之滕館於上宮館舍也上宮樓也孟子舍止賓客所館之樓上也有業屨於牖上館人求之弗得或問之曰若是乎從者之廋也屨扉屨也業織之有次業而未成也置之窻牖之上客到之後求之不得有來問孟子者曰是客從者之廋廋匿也孟子與門徒相隨從車數十故曰侍從者所竊匿也曰子以是爲竊屨來與孟子謂館人曰子以是衆人來隨事我本爲欲竊屨故來邪曰殆非也館人曰殆非爲是來事夫子也自知問之過也夫子之設科也往者不追來者不拒苟以是心至斯受之而已矣孟子曰夫我設教授之科教人以道德也其去者亦不追呼來者亦不拒逆誠以是學道之心來至我則斯受之亦不知其取之與否君子不保其異心也見館人殆非爲是來亦云不能保知謙以益之而已

疏

孟子至而已矣○正義曰此章言教誨之道受之如海百川移流不得有拒雖獨竊屨非已所絕順荅小人小人自咎者

也孟子之滕館於上宮者孟子往至滕國乃舍止於賓客所館之樓上有業屨於牖上館人求之弗得或問之曰若是乎從者之廋也者言業織之有次業而未成之屨置之於窻牖之上自客到之後館主之人求之不得或問於孟子曰若此屨之不見爲從者之廋匿也曰子以是爲竊屨來與者孟子見館主乃問已以爲從者之廋匿其屨乃謂之曰子以是從者來隨事我本爲欲竊子之屨故來與曰殆非也館主自知責已問之過也乃曰殆非爲是來事夫子也夫子之設科也至斯受之而已矣者孟子又曰夫我之設科以教人往去之者則不追呼而還來者則不拒逆誠以是學道之心來至我則斯容受之而教誨亦且不保其異心也然則不拒從者之匿屨亦何累之有論語云不保其往有教無類其斯之謂與

孟子曰人皆有所不忍達之於其所忍仁也人皆有所愛不忍加惡推之以通於所不愛皆令被德此仁人也人皆有所不爲達之於其所爲義也人皆有不喜爲謂貧賤也通之於其所喜爲謂富貴也抑情止欲使若所不喜爲此者義人也人能充無欲害人之心而仁不可勝用也

人皆有不害人之心能充大之以爲仁仁不可勝用也

人能充無穿窬之心。而義不可勝用也

穿牆踰屋姦利之心也人既無此心能充大之以爲義義不可勝用也

人能充無受爾汝之實。無所往而不爲義也

爾汝之實德行可輕賤人所爾汝者也既不見輕賤不爲人所爾汝能充大而以自行所至皆可以爲義也

士未可以言而言是以言餂之也。可以言而不言是以不言餂之也。是皆穿踰之類也

餂取也人之爲士者見尊貴者未可與言而强與之言欲以言取之也是失言也見可與言者而不與之言不知賢人可與之言而反欲以不言取之是失人也是皆趨利入邪無知之人故曰穿踰之類也

疏

孟子曰至類也○正義曰此章言善恕行義充大其美無受爾汝何施不可取人不知失其藏否比之穿踰之類也

曰人皆。不忍至是皆穿踰之類也者孟子言人皆有所惻隱而不忍如能推之所不忍於其所忍者仁人也以其所愛及其所不愛仁之爲道如是也人皆有所不喜爲謂貧賤也如

能推之所不喜爲而達之於所喜爲謂富貴也是爲有義之人也人能充大不欲害人之心而爲仁則仁道於是乎備故不可勝用也人能充大其無穿踰姦利之心以爲義則義於是乎盡故義不可勝用也人能充大其不受人爾汝之實是不爲人所輕賤故無所行而不爲義者也言所爲皆可以爲義矣蓋惻隱有不忍者仁之端也羞惡有不爲者義也但能充而大之則爲仁義矣人之爲士於尊貴者未可與言而與之言是以言取之也是失言也以其失之諂也可以與之言而不與之言是以不言取之也是失人也以其失之放也如此者是皆爲穿牆踰屋趨姦利之類也

孟子曰言近而指遠者善言也守約而施博者善道也君子之言也不下帶而道存焉言近指遠近言正心遠可以事天也守約施博約守仁義大可以施德於天下也二者可謂善言善道也正心守仁皆在胷臆吐口而言之四體不與焉故曰不下帶而道存焉君子之守脩其身而天下平身正物正天下平矣人病舍其田而芸人之田所求於人者重而所以

自任者輕芸治也田以喻身舍身不治而欲責人治是求人太重自任太輕也疏孟子曰至自任者輕正義曰此章言道之善以心爲原當求諸己而責於人君子尤之況以妄芸言失務者也孟子曰言近而指遠者至所以自任者輕孟子言辭之近而指意已遠者乃爲善言者也所守簡約而所施博大者乃爲善道○君子之言也不下帶而道存焉是所謂言近而指遠也是孟子自解其旨也以其君子於其言也皆在胷臆以其不遠於心而道存焉蓋帶者所以服之近於人身也故取而喻之曰不下帶而道存抑又見君子之言非特騰心說而已君子之守脩其身而天下平是所謂守約而施博也是孟子又自解其旨也以其君子之所守特在脩身而天下由是平矣是所謂正己而物正者也且人病在舍其己之田而耕芸他人之田也是所求於人者爲重而所以自任其在己者太輕耳芸治也田所以喻人之身也言人病在舍其己身而治他人之身也故爲是云

孟子曰堯舜性者也湯武反之也堯舜之體性自善者也殷湯周武反之於身身安乃以施人謂加善於民也動容周旋中禮者盛德之至也人動作容儀周旋中禮者盛德之至哭死

而哀非爲生者也死者有德哭者哀也經德不回非以干祿經行也體德之人行其節操自不回邪非以求祿位也言語必信非以正行也庸言必信非必欲以正行爲名也性不忍欺人也君子行法以俟命而已矣君子順性蹈德行其法度天壽在天行命以待之而已矣

疏孟子至而已矣○正義曰此章言君子之行動合禮中不惑禍福脩身俟終堯舜之盛湯武之隆不是過也孟子曰至於君子行法以俟命而已矣者孟子言堯舜之體性自然善也湯王武王反之於身身安乃以施人謂加善於人而反之者也一則體性之自然一則反之於身身安乃以施人無非是禮也故動容周旋中禮者是爲盛之至也至者以其盛德至矣盡矣不可以有加矣蓋哭死而哀非爲生者也是其爲動容中禮也是孟子自解之旨也言哭其死而哀之者非爲其生者也以其動容中禮德性然也經德不回非以干祿也言語必信非以正行也是謂周旋中禮者也是孟子自解之旨也言經德不回邪非欲干求爵祿而然也以其周旋中禮德行然也言語必以正非欲以正行爲名故然也亦以周旋中禮德言如是也君子者順性蹈德行其禮法脩身以俟

命而已然則堯舜禹湯爲盛德之至亦不是過也

孟子曰說大人則藐之勿視其巍巍然大人謂當時之尊貴者也孟子言說大人之法心當有以輕藐之勿敢視之巍巍富貴若此而不畏之則心舒意展言語得盡而已堂高數仞榱題數尺我得志弗爲也仞八尺也榱題屋霤也堂高數仞榱題數尺奢太之室使我得志不居此堂也大屋無尺丈之限故言數仞也食前方丈侍妾數百人我得志弗爲也極五味之饌食列於前方一丈侍妾衆多至數百人也般樂飲酒驅騁田獵後車千乘我得志弗爲也般大也大作樂而飲酒驅騁田獵後車千乘般于遊田也在彼者皆我所不爲也在我者皆古之制也吾何畏彼哉在彼貴者驕佚之事我所恥爲也在我所行皆古聖人所制之法謂恭儉也我心何爲當畏彼人乎哉

疏孟子至彼哉○正義曰此章言富貴而驕自遺咎茅茨采椽聖堯表也以賤說貴懼有蕩心心謂彼陋以寧我

神故以所不爲爲之寶玩者也孟子曰說大人則藐之至吾何畏彼哉者孟子言說當時之尊貴爲之大人者當輕藐之勿視其巍巍然尊貴而畏之也以其如是則心意舒展得盡其言也又言堂高數仞仞八尺也至霤高數尺是爲奢汰之室也如我之得志於行道不爲此室也食之前有方丈之廣以極五味之饌而列之又有所侍之妾至數百人之衆如我得志於行道亦不爲之也大作樂而飲酒驅騁田獵有後車千乘之多如我得志於行道亦不爲之也以其在彼驕貴之事者皆於我所恥而不爲之也在我所行之事又皆是古聖王之制度者也是皆恭儉而有禮也如是則於我何有畏於彼之富貴乎哉是以說大人則藐之而勿視其巍巍然也

孟子曰養心莫善於寡欲其爲人也寡欲雖有不存焉者寡矣養治也寡少也欲利欲也雖有少欲而亡者謂遭橫暴若單豹臥深山而遇飢虎之類也然亦寡矣其爲人也多欲雖有存焉者寡矣謂貪而不亡蒙先人德業若晉國欒黶之類也然亦少矣不存者衆。

疏孟子至寡矣○正義曰此章言清淨寡慾德之高者畜聚積實穢行之下廉者招福濁者速禍雖有不然

蓋非常道是以正路不可不由也孟子曰至雖有不存焉者寡矣者孟子言此以教時人養心之術也言人之治其心莫善於少欲也其爲人也少欲則不爲外物之汨喪雖有遭橫暴而亡者蓋亦百無二三也然而未必全無也以其少也是如單豹爲人少欲獨隱處於深山而卧乃遭遇於餓虎而亡之是也其爲人也多欲則常於外物之所汨喪雖間有不亡其德業於身者蓋亦百無二三也然而未必多有者焉以其亦少也是如欒黶爲人多貪乃爲卿於晉國者是也荀子云養心莫善於誠蓋亦與此孟子同其旨也

曾晳嗜羊棗而曾子不忍食羊棗公孫丑問曰膾炙與羊棗孰美羊棗棗名也曾子以父嗜羊棗父沒之後唯念其親不復食羊棗故身不忍食也公孫丑怪之故問羊棗與膾炙孰美也孟子曰膾炙哉言膾炙固美也何比於羊棗公孫丑曰然則曾子何爲食膾炙而不食羊棗曰膾炙所同也羊棗所獨也諱名不諱姓姓所同也名所獨也孟子言膾炙雖美人所同

嗜獨曾子父嗜羊棗耳故曾子不忍食也譬如諱君父之名不諱其姓姓與族同之名所獨也故諱〔疏〕曾晳至所獨也○正義曰此章言曾參至孝思親異心羊棗之感終身不嘗孟子嘉之曾晳嗜羊棗而曾子不忍食羊棗公孫丑問曰膾炙與羊棗孰美者曾晳曾子父也曾晳爲人專好羊棗羊棗棗名也曾晳既沒而曾子常思念其親而不忍食羊棗公孫丑怪之乃問孟子以謂膾炙與羊棗此二味孰爲美孟子曰膾炙哉言膾炙固美於羊棗也而羊棗何可比於膾炙哉公孫丑曰然則曾子何爲食膾炙而不食羊棗公孫丑又問孟子曰如是則曾子何爲獨食於膾炙而不忍食羊棗曰膾炙所同也羊棗所獨也諱名不諱姓姓所同也名所獨也孟子又荅之曰膾炙雖美人所同好者也羊棗獨曾子好之故曾子所以思念之而不忍食也譬如君父之名不諱其姓者以其姓爲族之所同名爲君父之所獨故諱之也○注羊棗棗名也正義曰蓋樲與棗一物也然而有二名是樲小而棗大樲酸而棗甘耳云羊棗則羊棗之爲大棗甘者也其類則樲棗之屬也曾晳者曾子父也案史記弟子傳曰曾蒧音點字晳是也孔傳云曾參父名點○注上章稱曰豈有非義而曾子言之者○正義曰此謂公孫丑疑曾子爲非義而乃不知膾炙所同羊棗之所獨而曾子之心言之是或一於孝

道故云然也

萬章問曰：孔子在陳曰：盍歸乎來！吾黨之小子狂簡，進取不忘其初。孔子在陳，何思魯之狂士？孔子在陳不遇賢人，上下無所交，蓋歎息思歸，欲見其鄉黨之士也。簡，大也。狂者進取大道而不得其正者也。不忘其初，孔子思故舊也。周禮五黨爲州，五州爲鄉，故曰吾黨之士也。萬章怪孔子何爲思魯之狂士者也。

孟子曰：孔子不得中道而與之，必也狂狷乎！狂者進取，狷者有所不爲也。孔子豈不欲中道哉？不可必得，故思其次也。中道，中正之大道也。狂者能進取，狷者能不爲不善。時無中道之人，以狂狷次善者，故思之也。

敢問何如斯可謂狂矣？萬章曰：人行何如斯則可謂之狂也？

曰：如琴張、曾晳、牧皮者，孔子之所謂狂矣。孟子言人行如此三人者，孔子謂之狂也。琴張，子張也。子張之爲人，踸踔譎詭。論語曰：師也辟。故不能純善而稱狂也。又善鼓琴號曰琴張曾晳曾參父也牧皮行與二人同皆事孔子學者也何以謂之狂也萬章問何以謂此人爲狂曰其志嘐嘐然曰古之人古之人夷考其行而不掩焉者也嘐嘐志大言大者也重言古之人欲慕之也夷平也考察其行不能掩覆其言是其狂也狂者又不可得欲得不屑不絜之士而與之是獧也是又其次也屑絜也不絜汚穢也既不能得狂者欲得有介之人能恥賤惡行不絜者則可與言矣是獧人次於狂者也孔子曰過我門而不入我室我不憾焉者其惟鄉原乎鄉原德之賊也憾恨也人過孔子之門不入則孔子恨之獨鄉原不入者無恨心耳以其鄉原賊德故也曰何如斯可謂之鄉原矣萬章問鄉原之惡如何曰何以是嘐嘐也言不顧行行不顧言則曰古之人古之人行何

爲踽踽涼涼生斯世也爲斯世也善斯可矣閹然媚於世也者是鄉原也孟子言鄉原之人言何以嘐嘐若有大志也其言行不顧則亦稱曰古之人古之人行何爲踽踽涼涼有威儀如無所施之貌也鄉原者外欲慕古之人而其心曰古之人何爲空自踽踽涼涼而生於今之世無所用之乎以爲生斯世但當取爲人所善善人則可矣其實但爲合衆之行媚愛也故閹然大見愛於世也若是者謂之鄉原也萬子曰一鄉皆稱原人焉無所往而不爲原人孔子以爲德之賊何哉萬子即萬章也孟子録之以其不解於聖人之意故謂之萬子子男子之通稱也美之者欲以責之也萬子言人皆以爲原善所至亦謂之善人若是孔子以爲賊德何爲也曰非之無舉也刺之無刺也同乎流俗合乎汙世居之似忠信行之似廉絜衆皆悅之自以爲是而不可與入堯舜之道故曰德

之賊也孟子言鄉原之人能匿蔽其惡非之無可舉者刺之無可刺者志同於流俗之人行合於汙亂之世爲人謀居其身若似忠信行其身若似廉絜爲行矣衆皆悅美之其人自以所行爲是而無仁義之實故不可與入堯舜之道也無德而人以爲有德故曰德之賊也孔子曰惡似而非者惡莠恐其亂苗也惡佞恐其亂義也惡利口恐其亂信也惡鄭聲恐其亂樂也惡紫恐其亂朱也惡鄉原恐其亂德也似真而非真者孔子之所惡也莠之莖葉似苗佞人詐飾似有義者利口辯辭似若有信鄭聲淫人之聽似若美樂紫色似朱朱赤也鄉原惑衆似有德者此六似者孔子之所惡也君子反經而已矣經正則庶民興庶民興斯無邪慝矣經常也反歸也君子治國家歸於常經謂以仁義禮智道化之則衆民興起而家給人足矣倉廩實而知禮節安有爲邪惡之行也

疏萬章曰至斯無邪慝矣○正義曰此章言士行有科人有等級中道爲上狂狷不合似是

而非色厲內荏鄉原之惡聖人所甚反經身行民化於己子
率以正孰敢不正之謂也萬章問曰孔子在陳何思魯之
狂士者萬章問曰孔子在陳國有厄不遇賢人上下無有交
者乃歎曰盍歸乎來言我黨之爲士進取於大道而不得其
中道者也亦以不忘其初而思故舊也故問之孟子謂孔子
在陳國何爲而思魯國之狂士者也孟子曰孔子不得中道
而與之至故思其次也孟子荅之曰孔子不得中正之道者
而取與之必也思其狂狷者乎狂者以其但進取於大道而
不知退宿於中道狷者有所不敢爲但守節無所爲而應進
退者也孔子豈不欲中道者而與之哉不可以必得中道之
人故思念其次於中道者爲狂狷者也敢問何如斯可謂狂
矣萬章又問孟子曰人行當何如則斯可謂之狂矣曰琴張
曾皙牧皮者孔子之所謂狂矣孟子又荅之曰如琴張曾皙
牧皮三人者孔子謂爲狂者也蓋論語嘗謂古之狂也肆今
之狂也蕩琴張曾皙牧皮三者皆學於孔子進取於道而躐
等者也是謂古之狂者也琴張曰君子不爲利疚我曾皙風
乎舞雩詠而歸是皆有志於學亦志於仕以爲進取者也牧
皮經傳並無所見大抵皆學孔子而行有同於曾皙琴張二
人耳此孟子所以皆謂之狂士何以謂之狂也萬章又問何
以謂此三人爲之狂士也曰其志嘐嘐然曰古之人古之人

至鄉原德之賊也者孟子又荅之曰其志嘐嘐然大言乃曰古之人古之人及考驗其所行之行而未始掩覆其言焉乃是言過於行爲之人狂者也孔子思與狂者又不可而必得之欲得有介之人能恥賤汚行不絜者而與之是爲狷者也是又次於狂者也孔子有曰過我門而不入我室我不以恨之者其唯獨於鄉原鄉原之徒也鄉原者以其爲賊害於德者也然則孔子如以自非鄉原而過其門而不入室者是則恨之矣此亦見孔子自非鄉原之徒者無不與之也所以思於中道而不可得則思其狂狷曰何如斯可謂之鄉原矣萬章又問何如則謂之鄉原者矣曰何以是嘐嘐也至是鄉原也孟子又荅之曰鄉原之人其言何以是嘐嘐然若有大也以其言不顧於行行又不顧於其言則亦稱之曰古之人古之人所行之行何爲踽踽涼涼有威儀如無所施之貌也是言鄉原之人外欲慕古之人而其心乃曰古之人何爲夵自踽踽涼涼而生於今之世無所用之乎以爲生斯世也但當取爲人所善則可矣故閹然大見媚愛之於世也者是則謂之鄉原者矣萬子曰一鄉皆稱原人焉至何哉者萬章不解孟子之意故問之曰如一鄉皆稱爲原善之人是無所往而不爲善人矣孔子乃以爲有賊害於德是爲德之賊者何爲者哉曰非之無舉也至斯無邪慝者孟子又荅之曰言鄉原之人能掩蔽

其惡使人欲非謗之則無可而非者使人欲譏刺之則無可爲譏刺者其志則有同乎流俗之人所行又合於汙亂之世居其身則若有忠信而實非忠信也行其身若有廉絜而實非廉絜也衆人皆悅美之而自以爲是而無其實故不與入堯舜之正道者也是無德而爲有德故謂之爲德之賊者也孔子有曰惡有似真而非真者惡莠之莖葉秀茂者以其似苗恐有亂其苗種者也惡佞詐飾者以其似義恐有亂其義者也惡利口辯辭以其似信恐其有亂於信者也惡鄭聲之淫哇以其似美樂恐其有亂於雅樂也惡紫之間色以其似朱恐其有亂於朱者也惡鄉原之惑衆以其似有德恐其有亂於德者也凡此六者孔子所以惡之以其似是而非者也君子者乃歸其常經而已矣云經者則義信德是也如佞口鄉原者是不經也唯君子則反經而已矣君子去其不經以反復乎經則其經斯適於正而不他故義以立而不爲佞亂信以立而不爲利口亂德以立而不爲鄉原亂此庶民所以興行又不爲兩疑之惑矣庶民既以興行斯無邪慝之行也○注周禮五黨爲州五州爲鄉故曰吾黨之士也○正義曰案論語云子在陳曰歸與歸與吾黨之小子狂簡斐然成章不知所以裁之今云周禮五黨而解其文蓋亦不案此論語而有誤也誠如周禮五黨言之則論語何以云吾黨蓋不當

引此爲證所謂黨者蓋五百家爲之黨是其旨也○注孟子言至學者也○正義曰子張之爲人踸踔譎詭論語曰師也辟故不能純善者案家語有衛人琴牢字張則此與左傳所謂琴張者琴牢而已非所謂子張善鼓琴也趙注引爲顓孫師亦未審何據而琴張曰師張曰曾皙曾參之父蓋言於前矣牧皮者未詳○注似眞而非至孔子所惡也正義曰案論語云惡紫之奪朱惡鄭聲之亂雅樂惡利口之覆邦家其序與此不同者蓋孟子以亂義不及亂信亂信不及亂德其所主三者而已苗莠朱紫聲樂所託以爲喻者也是所以爲異者也○注色厲內荏至子帥以正孰敢不正者○正義曰此蓋本論語之文而云

孟子曰由堯舜至於湯五百有餘歲若禹皐陶則見而知之若湯則聞而知之

言五百歲聖人一出天道之常也亦有遲速不能正五百歲故言有餘歲也見而知之謂輔佐也通於大賢次聖者亦得與在其間親見聖人之道而佐行之言易也聞而知之者聖人相去卓遠數百歲之間變故衆多踰聞前聖所行追而遵之以致其道言難也

由湯至於文王五百有餘歲若伊尹萊朱則見

而知之若文王則聞而知之伊尹摯也萊朱亦湯賢臣也一曰仲虺是也春秋傳曰仲虺居薛爲湯左相是則伊尹爲右相故二人等德也由文王至於孔子五百有餘歲若太公望散宜生則見而知之若孔子則聞而知之太公望呂尚也號曰師尚父散宜生文王四臣之一也呂尚有勇謀而爲將散宜生有文德而爲相故以相配而言之也由孔子而來至於今百有餘歲去聖人之世若此其未遠也近聖人之居若此其甚也然而無有乎爾則亦無有乎爾至今者至今之世當孟子時也聖人之間必有大賢名世者百有餘年適可以出未爲遠而無有也鄒魯相近傳曰魯擊柝聞於邾近之甚也言已足以識孔子之道能奉而行之既不遭值聖人若伊尹呂望之爲輔佐猶可應備名世如傳說之中出於殷高宗也然而世謂之無有此乃天不欲使我行道也故重言之知天意之審也言則亦者非實無有也則亦當使爲無有也乎爾者歎而不

怨之辭也。疏孟子曰至無有乎爾○正義曰此章言天地剖判開元更始三皇以來人倫攸敘弘析道德莫貴聖人聖人不出名世承間雖有斯限蓋有遇不遇焉是以仲尼至獲麟而止筆孟子亦有乎爾終於篇章者也孟子曰由堯舜至於湯至由湯至於文王又至由文王至於孔子又至由孔子而至於今止無有乎爾者此孟子欲歸道於已故歷言其世代也言自堯舜二帝至於商湯其年數有五百餘載矣如禹皐陶爲堯舜之臣則親見而知堯舜聖人之大道而佐行之也如湯王之去堯舜之世則相去有數百歲之遠則但聞其二帝所行之道遵而行之者也又自商湯逮至文王周時又有五百餘歲如伊尹萊朱二者俱爲湯之賢臣則親見而知湯所行之道而輔佐之者也如文王之去湯世則相去有數百歲之遠則但聞其湯所行之道而遵之者也以自文王之世至於孔子之時又有五百餘載如太公望散宜生二者爲文王之臣則親見而知文王所行之道而輔佐之者也如孔子之去文王世則相去亦有數百歲之遠則但聞其文王之道而遵之者也故自孔子以來逮至於今但百有餘歲以其去孔子之世如此之未遠自鄒國至于魯國其地相去如此之甚近然而猶可應備名世如傳說之中出於高宗也然而世之以謂無有此名世而出於間者乃天不欲使我行道也故曰然而無有乎爾則亦無有乎爾矣此所以欲歸於已而歷舉世代而言之也○注伊尹至于等德也正義曰史記云伊尹名摯號爲阿衡也爲湯之相萊朱亦湯賢臣一曰仲虺是也春秋傳曰仲虺居薛爲湯左相者蓋魯定公元年左丘明之文也杜預云仲虺奚仲之後也○注太公望散宜生○正義曰太公望於前詳言之矣散宜生案論語云武王曰予有亂臣十人馬融云十人而散宜生在焉散姓宜生名也○注至今者至而無有也○正義曰云魯擊析聞於邾者按魯哀公七年公伐邾之文也亦於敘言之詳矣云傳說出殷高宗者亦言於前篇矣然而仲尼作春秋必至獲麟而止者也孟子亦必止於無有乎爾而終其篇者蓋亦見孟子擬仲尼而作者也故哀公十四年春西狩獲麟杜氏云麟仁獸也聖王之嘉瑞時無明王出而遇獲仲尼傷周道不興感嘉瑞之無應故春秋脩中興之教絶筆於獲麟之一句所感而作固所以爲終也孟子之書終於是言者蓋亦憫聖道不明于世歷三皇已來推以世代雖有歲限然亦有遇不遇焉故述仲尼之意而作此七篇遂以無有乎爾終於篇章之末蓋亦深歎而不怨之云爾

孟子注疏解經卷第十四下

武寧盧氏宣旬校栞

皇清嘉慶二十年用文選樓藏本校

南昌縣知縣陳煦栞

孟子注疏卷十四下挍勘記　阮元撰盧宣旬摘錄

欄也　閩監毛三本同廖本孔本韓本考文古本欄作蘭足利本作闌下入欄同音義出蘭字云與欄字同案蘭者假借字欄者俗字闌者正字也

又復從而非之　閩監毛三本同廖本孔本韓本考文古本非作罪

章指言驅邪反正正斯可矣來者不綏追其前罪君子甚之以爲過也

斷養之役也　閩監毛三本同廖本孔本韓本考文古本斷作斯音義出斯養云斯養同斷

則分崩不振　閩監毛三本孔本韓本同宋本廖本無則字

章指言原心量力政之善者繇役並興以致離殍養民輕歛君之道也

居不離散閩監毛三本同廖本孔本韓本考文古本居作民

章指言寶此三者以爲國珍寶於珍孔本韓本考文引古本作爭玩以殃其身諸侯如玆永無患也

章指言小知自私藏怨之府大雅先人福之所聚勞謙終吉君子道也

若是乎從者之廋也閩監毛三本孔本韓本同廖本廋作廋音義出廋字云或作廋

扉屨也十行本糗糊閩監毛三本如此宋本孔本韓本扉作扉音義出扉字作扉者誤

自知問之過也閩監毛三本同宋本孔本韓本無也字

夫子之設科也閩監毛三本同宋本岳本廖本孔本韓本子作予案注云夫我設教授之科僞疏亦云夫我之設科以教人則作予是也予子蓋字形相涉而譌

來者不拒　閩監毛三本孔本韓本同宋九經本宋本岳本咸淳衢州本廖本拒作距

亦不拒逆　閩監毛三本韓本同廖本考文古本拒作距孔本拒逆作逆拒

君子不保其異心也　閩監毛三本同廖本孔本韓本考文古本無其字

殆非爲是來　閩監毛三本同廖本孔本韓本考文古本上有言字

謙以益之而已　閩監毛三本同廖本孔本韓本考文古本作謙以荅之

章指言教誨之道受之如海百川移流不得有拒　考文引古本作距　雖獨竊屨非已所絕順荅小人小人自咎所謂造次必於是也

人能充無穿窬之心　閩監毛三本同宋九經本岳本咸淳衢州本廖本孔本韓本窬作踰

人能充無受爾汝之實　各本同廖本汝作女

人所爾汝者也 閩本孔本韓本同監毛二本汝作女毛本下爾汝亦作女

而以自行所至 閩監毛三本自作有廖本孔本韓本考文古本有作自

是以言餂之也 音義云本亦作餂○按韻書無餂字而趙注與方言正合則爲餂字之誤無疑也

章指言善恕行義充大其美無受爾汝何施不可取人不知失其臧否比之穿踰善亦遠矣

孟子曰人皆不忍 閩監毛三本皆下有有所二字

以其失之以也 閩本下以改敖監毛二本與閩本同

而道存焉 閩監毛三本同岳本廖本孔本韓本考文古本無此四字

自任太輕也 閩監毛三本同宋本孔本韓本無也字

章指言言道之善以心爲原當求諸己而責於人君子尤

之況以妄芸言失務也

乃爲善言者也　閩本同監毛二本删者字

乃爲善道□君子之言也　閩監毛三本○作也字

以其君子於其言也　閩本同監毛二本無上其字

非特騰心說而已　補監毛本心作口是也

盛德之至　各本同孔本下有也字

行命以待之而已矣　閩監毛三本同廖本孔本韓本考文古本作待命而已矣

章指言君子之行動合禮中不惑禍福修身俟終堯舜之盛湯武之隆不是過也

是爲盛之至也　閩監毛三本盛下有德字

勿視其巍巍然 閩監毛三本同廖本孔本韓本巍作魏音義出魏魏丁云當作巍巍是經文本作魏作巍非也○按依說文本無二字

謂當時之尊貴者也 岳本及各本同宋本無謂字

說大人之法 閩監毛三本同廖本孔本韓本考文古本說下有此字

言語得盡而已 閩監毛三本廖本孔本韓本考文古本無而已二字

堂高數仞 閩監毛三本同廖本孔本韓本考文古本堂高作高堂

榱題數尺 閩監毛三本同廖本孔本韓本考文古本榱題作振屋

肴太之室 閩監毛三本同廖本孔本韓本足利本太作汰考文古本作大

大屋無尺丈之限 廖本孔本考文古本足利本同閩監毛三本韓本屋作室

後車千乘 閩監毛三本同孔本韓本考文古本後作從

章指言富貴而驕自遺咎也茅茨采椽聖堯表也以賤說貴懼有蕩心心謂彼陋以寧我神故以所不爲爲之寶玩也

自遺咎　補案咎下依章指有也字

利欲也　各本同廖本利欲作欲利

若晉國欒黨之類也　閩監毛三本同廖本孔本韓本考文古本無晉字

不存者衆　閩監毛三本同廖本孔本韓本考文古本下有也字

章指言清靜孔本韓本作淨寡欲德之高者畜聚積實穢行之下廉者招福濁者速禍雖有不然蓋非常道是以正路不可不由也

孟子至寡矣 閩監二本同毛本子下有曰字

孟子曰至雖有不存焉者寡矣 監毛本同案不字衍

故問羊棗與膾炙孰美也 閩監毛三本同廖本孔本韓本考文古本孰字在與字之上韓本無也字

故諱二字 閩監毛三本同廖本孔本韓本考文古本下有之也

章指言情理 宋本孔本韓本考文古本作禮 相扶以禮制情人所同然禮則不禁曾參至孝思親異心羊棗之感終身不嘗孟子嘉焉故上章稱曰豈有非義而曾子言之者也

獨曾子好之 閩監毛三本子改晳

譬如君父之名 閩監毛三本如下增諱字

吾黨之小子閩監毛三本同宋本孔本韓本小子作士

孔子在陳閩監毛三本同廖本孔本韓本考文古本在作戹

思魯之狂士者也閩監毛三本同廖本孔本韓本考文古本無者字

狷者有所不爲也各本狷作獧案音義出狂獧云與狷同則經注並當作獧作狷者誤

能恥賤惡閩監毛三本同廖本孔本韓本考文古本惡作汙

以其鄉原賊德故也閩監毛三本同宋本孔本韓本無鄉原二字

萬章問鄉原之惡如何廖本孔本韓本如作云閩監毛三本如何作何如

言何以嘐嘐若有大志也閩監毛三本同廖本孔本韓本以下有是字

萬子曰按朱注本作萬章誤

惡鄉原恐其亂德也韓本脫此八字

莠之莖葉似苗閩監毛三本同岳本廖本孔本韓本無之字

色似朱朱赤也閩監毛三本同廖本孔本韓本少一朱字

孔子之所惡也閩監毛三本同廖本孔本韓本考文古本上有皆字

歸於常經閩監毛三本同宋本岳本廖本孔本韓本考文古本於作其

章指言士行有科人有等級中道爲上狂獧不合似是而非色厲內荏鄉原之惡聖人所甚反經身行民化於己子率而足利本作以正孰敢不正也

如佞口鄉原者閩監毛三本口上有利字

然而無有乎爾則亦無有乎爾音義陸本作然而無乎爾則亦有乎爾

非實無有也岳本廖本孔本韓本考文古本同閩監毛三本有誤者

章指言天地剖判開元建始三皇以來人倫攸敘宏析道

德班垂文采莫貴乎聖人聖人不出名世承閒雖有此限

蓋有遇孔本下有有字不遇焉是以仲尼至獲麟而止筆孟子以

無有乎爾終其篇章斯亦一契之趣也

孟子注疏卷十四下挍勘記　　奉新趙儀吉挍

傳古樓景印

“四部要籍選刊”已出書目

序號	書名	底本	定價 / 圓
1	四書章句集注（3 册）	清嘉慶吴氏刻本	150
2	阮刻周易兼義（3 册）	清嘉慶阮元刻本	150
3	阮刻尚書注疏（4 册）	清嘉慶阮元刻本	200
4	阮刻毛詩注疏（10 册）	清嘉慶阮元刻本	500
5	阮刻禮記注疏（14 册）	清嘉慶阮元刻本	700
6	阮刻春秋左傳注疏（14 册）	清嘉慶阮元刻本	700
7	杜詩詳注（9 册）	清康熙四十二年初刻本	450
8	文選（12 册）	清嘉慶十四年胡克家影宋刻本	600
9	管子（3 册）	明萬曆十年趙用賢刻本	150
10	墨子閒詁（3 册）	清光緒毛上珍活字印本	150
11	李太白文集（8 册）	清乾隆寶笏樓刻本	400
12	韓非子（2 册）	清嘉慶二十三年吴鼒影宋刻本	98
13	荀子（3 册）	清乾隆五十一年謝墉刻本	148
14	文心雕龍（1 册）	清乾隆六年黄氏養素堂刻本	148
15	施注蘇詩（8 册）	清康熙三十九年宋犖刻本	398
16	李長吉歌詩（典藏版）（1 册）	顧起潛先生過録何義門批校清乾隆王氏寶笏樓刻本	198
17	阮刻毛詩注疏（典藏版）（6 册）	清嘉慶阮元刻本	598
18	阮刻春秋公羊傳注疏（5 册）	清嘉慶阮元刻本	298

序號	書名	底本	定價 / 圓
19	楚辭（典藏版）（1 册）	清汲古閣刻本	148
20	阮刻儀禮注疏（8 册）	清嘉慶阮元刻本	398
21	阮刻春秋穀梁傳注疏（3 册）	清嘉慶阮元刻本	164
22	柳河東集（8 册）	明三徑草堂本	398
23	阮刻爾雅注疏（3 册）	清嘉慶阮元刻本	164
24	阮刻孝經注疏（1 册）	清嘉慶阮元刻本	55
25	阮刻論語注疏解經（3 册）	清嘉慶阮元刻本	164
26	阮刻周禮注疏（9 册）	清嘉慶阮元刻本	480
27	阮刻孟子注疏解經（4 册）	清嘉慶阮元刻本	218

圖書在版編目（CIP）數據

阮刻孟子注疏解經 /（清）阮元校刻. -- 杭州 : 浙江大學出版社，2021.12
（四部要籍選刊 / 蔣鵬翔主編）
ISBN 978-7-308-21918-1

Ⅰ. ①阮… Ⅱ. ①阮… Ⅲ. ①儒家②《孟子》—注釋 Ⅳ. ①B222.52

中國版本圖書館CIP數據核字(2021)第219055號

阮刻孟子注疏解經
（清）阮元 校刻

叢書策劃 陳志俊
叢書主編 蔣鵬翔
責任編輯 吴 慶
責任校對 蔡 帆
封面設計 温華莉
出版發行 浙江大學出版社
（杭州市天目山路148號 郵政編碼310007）
（網址：http://www.zjupress.com）
排　　版 杭州尚文盛致文化策劃有限公司
印　　刷 浙江海虹彩色印務有限公司
開　　本 850mm×1168mm 1/32
印　　張 33.875
字　　數 345千
印　　數 0001—1200
版 印 次 2021年12月第1版 2021年12月第1次印刷
書　　號 ISBN 978-7-308-21918-1
定　　價 218.00圓（全四册）

浙江大學出版社市場運營中心聯繫方式：(0571)88925591;http://zjdxcbs.tmall.com